Im Wald

Karel Šťastný

Aus dem Französischen von
Eva Tauber

OMNIBUS

INHALT

Der Wald

Wälder sind Lebensgemeinschaften, meist auf ausgedehnten Flächen, die sich durch eine Fülle hochwüchsiger holziger Pflanzen auszeichnen. Es handelt sich dabei nicht um die bloße Ansammlung von Bäumen – der Wald ist ein echtes Ökosystem, dessen Mitglieder (Pflanzen, Tiere und Mikroorganismen) vielfältige Beziehungen untereinander sowie mit Boden, Wasser und der Atmosphäre haben.
Ein Wald ist erstaunlich vielfältig gegliedert, denn neben den Baumbeständen gibt es Lichtungen, Wege und »Waldlöcher«, die durch den Fall der alten Bäume entstehen. Alle besitzen eine eigene charakteristische Flora (Pflanzen-) und Fauna (Tierwelt), ebenso die Waldränder.
Dieses Buch ist eine Auswahl der reichen Fauna und Flora des Waldes: die häufigsten oder bemerkenswertesten Arten werden gezeigt. Unter jeder Abbildung steht der gebräuchliche deutsche Name der beschriebenen Art (bei manchen gibt es keine). Die wissenschaftlichen Namen sind in das Register aufgenommen.

Erklärung der verwendeten Begriffe und Größenangaben

Dieser kleine Naturführer ist für die schnelle Bestimmung einer Auswahl von Tier- und Pflanzenarten unserer Wälder gedacht. Dank seines handlichen Formats passt er in jede Jackentasche. Besondere Merkmale der Tiere und Pflanzen sind im Text zusammengefasst, Pfeile in Text und Darstellung weisen gezielt darauf hin. Die angeführten Zahlen geben die maximale Höhe der Bäume, Sträucher und der krautigen Pflanzen an, bei den Pilzen den Hutdurchmesser, bei Tieren die Körperlänge (inklusive Schwanz bei Säugetieren und Vögeln) und die Flügel-Spannweite der Schmetterlinge.
Die betreffenden Angaben über Verbreitung und Vorkommen der Arten beziehen sich auf Mitteleuropa, vor allem auf Deutschland.

♂ Männchen bzw. männliche Blüte

♀ Weibchen bzw. weibliche Blüte

Waldarten

Nadelwald

Laubwald

Mischwald

Genießbarkeit

essbar

ungenießbar

giftig

Blattform

ganz (ungeteilt, ohne tiefe Einbuchtungen, aber der Blattrand kann gekerbt oder gezähnt sein)

gelappt (Blattspreite mit mehr oder weniger tiefen Einbuchtungen, Blattadern erreichen Hauptader oder nicht)

gefiedert (Blattspreite in einzelne Fiederblättchen unterteilt, paarig oder unpaarig angeordnet)

Blütenform

max. 4 Blütenblätter

5 Blütenblätter

mehr als 5 Blütenblätter

mehrfach symmetrische Blüte

Lebensraum der Tiere

im Boden

im Geäst

auf dem Boden

in Baumhöhlen

auf Felsen oder in Höhlen

Rötelmaus

11-19 cm. Oberseite kräftig rotbraun gefärbt ▼. Schwanz etwa halb so lang wie Körper. Lebt in unterholzreichen Laub - und Mischwäldern. Klettert sehr gut; sogar in den Ästen der Bäume.

Kleinäugige Wühlmaus

10-14 cm. Körper klein und gedrungen, sehr kurzer Schwanz, Ohrmuscheln fast vollständig im Fell versteckt. Sehr kleine Augen ▼ (kleiner als 2 mm). Rücken dunkelgrau. Lebt in feuchten, lichten Laubwäldern, am Waldrand.

Gelbhalsmaus

18-25 cm. Große Augen und Ohren. Der Schwanz ist mindestens so lang wie der Körper. Rost- bis kastanienbrauner Rücken, weißliche Unterseite. Typisch der gelbe Kehlfleck ▼. Klettert und springt sehr gut.

Waldmaus

15-22 cm. Schwanz in der Regel kürzer als Körper. Zwischen den Vorderfüßen länglicher schwach-gelblicher Fleck ▼. Häufig. Laub-, Mischwälder, Waldränder, Gebüsche. Im Gebirge bis etwa 1000 m.

Eichhörnchen

34-47 cm. Während des Winters deutliche Ohrbüschel ▼. Der Schwanz ist körperlang und buschig ▼. Sehr gewandter Kletterer. Fellfärbung variabel, von rotbraun bis schwarz, dunkle Tiere im Gebirge häufiger. Laub- und Nadelwälder.

Siebenschläfer

24-33 cm. Mit seinem buschigen Schwanz ▼ erinnert es an ein kleines graugefärbtes Eichhörnchen. Nachtaktiv. Lebt in Laub- und Mischwäldern. Nester in Baumhöhlen oder manchmal in Nistkästen. Winterschlaf von Oktober bis April.

Baumschläfer

14-20 cm. Schwanz buschig und einfarbig ▼. Längliche schwarze Augenbinde reicht bis zum Ohr ▼. Nester in Baumhöhlen oder Nistkästen. Guter Kletterer. Nachtaktiv. Hält Winterschlaf. Laub-, Misch- und Nadelwälder.

Haselmaus

12-17 cm. Oberseite gelbbraun bis fuchsrot, Unterseite hellweißlich. Schwanz dicht behaart ▼. Nachtaktiv. Hält Winterschlaf. Baut kugelige Nester aus Gras und Laub. Sehr guter Kletterer. Unterholzreiche Laub- und Mischwälder.

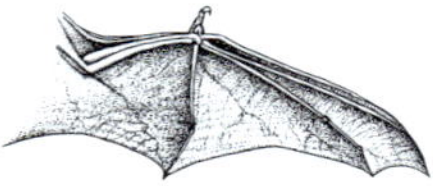

Abendsegler

11-12 cm. Kurze, dichte Behaarung, rötlich- bis rostbraun. Ohrmuscheln kurz ▼. Lebt in Baumhöhlen und manchmal Nistkästen. Schreit kurz vor dem Herausfliegen. Hält Winterschlaf. Fliegt in der Dämmerung und in der Nacht.

Kleiner Abendsegler

8-10 cm. Lebt in Baumhöhlen und Nistkästen. Kleiner als der Abendsegler und mit zweifarbigem Fell ▼: schwarzbraun und gelblichbraun, Unterseite gelb- bis graubraun. Behaarung bis an den Flügelansatz.

Braunes Langohr

8-10 cm. Die besonders großen Ohren (3-4 cm) sind an den Innenseiten verwachsen. Die Tragi (Hautlappen vor den Ohreingängen) sind durchscheinend ▼. Lebt in Baumhöhlen und Nistkästen.

Kleine Bartfledermaus

7-9 cm. An der Schnauze befinden sich zahlreiche lange, steife Tasthaare. Rücken dunkel- oder graubraun, Unterseite grau. Ohren und Flügel dunkelbraun ▼. Lebt in feuchten lichten Wäldern, auch in Gebäuden, hinter Fensterläden.

Rothirsch

Schulterhöhe 120-150. Fell rötlichbraun. Männchen mit Geweih, unterschiedliche Formen ▼. Das kleinere Weibchen ohne Geweih. Der Schwanz ist kurz, oberseits dunkel, unterseits hell ▼. Nur in ausgedehnten Waldgebieten.

Elch

Schulterhöhe 150 bis 230 cm, so groß wie ein Pferd. Fell schwärzlich bis graubraun, Geweih schaufelförmig. Tiere haben lange Beine, relativ große Ohren. Erwachsene Tiere haben einen Buckel ▼. Kommt nur in Nordeuropa vor.

Reh

Schulterhöhe 60-80 cm. Sommerkleid rotbraun, Winterkleid graubraun. Junge weiß getupft. Schwanz nicht erkennbar, an seiner Stelle das Fell weiß gefärbt ▼. Männchen mit kurzem Geweih (mit max. 6 Enden) ▼. Unterholzreiche Laub- und Mischwälder.

Damhirsch

Schulterhöhe 90-110 cm. Sommerfell hellbraun mit weißen Flecken ▼. Dunkler Schwanz relativ lang, unterseits weiß. Männchen haben schaufelartiges Geweih ▼. Leben wild in größeren Laubwäldern und Parklandschaften.

Wildschwein

Schulterhöhe 60-115 cm. Massig, gedrungen, mit schwarz- bis graubraunem borstigem Fell. Die längsten Haare sind auf der Rückenmitte ▼. Die Männchen (Keiler) haben kräftige Eckzähne (Hauer) ▼.

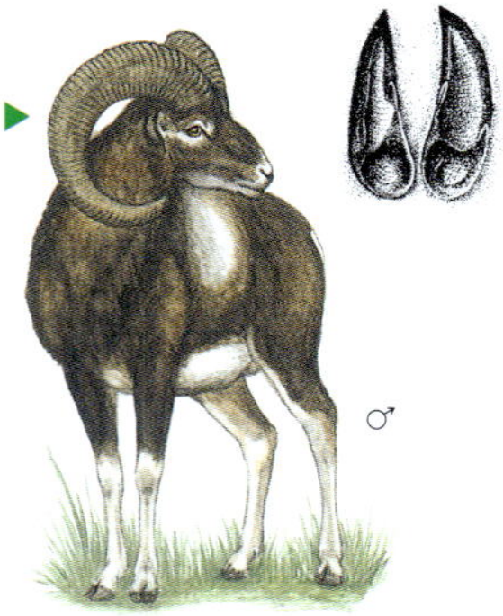

Mufflon

Schulterhöhe 65-80 cm. Männchen mit großem, schneckenförmigem, nach vorn gedrehten Gehörn ▼, Weibchen kleines oder gar kein Gehörn. Kommt nur auf Sardinien und Korsika vor.

Braunbär

Schulterhöhe 90-110 cm. Auffälliger Höcker über der Schulter ▼. Das zottige Fell ist hell- bis dunkelbraun, manchmal grau bis schwärzlich. Hält Winterschlaf. In Europas Gebirgen nur noch vereinzeltes Vorkommen.

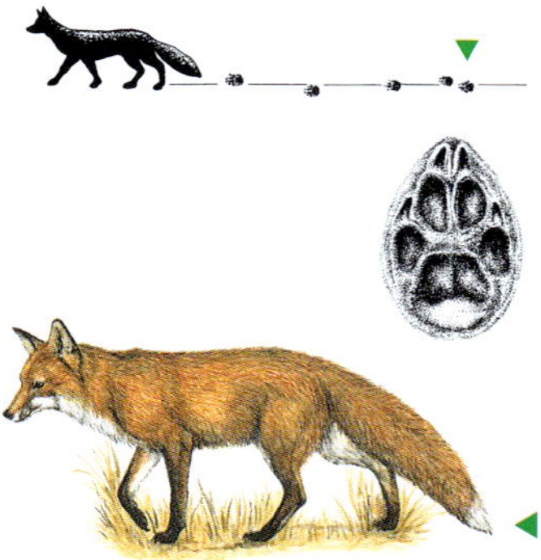

Rotfuchs

Schulterhöhe 35-40 cm, Länge mit Schwanz 90-130 cm. Das weiche, dichte Fell ist oberseits rotbraun, unterseits weißlich. Langer buschiger Schwanz mit weißer Spitze ▼. Laufspuren auf einer Linie ▼. Nachtaktiv nur nahe menschlicher Siedlungen.

Dachs

Schulterhöhe 30 cm, Länge 70-90 cm. Plumper, breiter und flacher Körper mit grauer Oberseite. Typisch die schwarzweißen Streifen entlang des Kopfes ▼. Lange Krallen an den Vorderfüßen. Nachtaktiver Räuber. Winterruhe.

Baummarder

40-53 cm. Schokoladenbraunes Fell mit einem hellen, gelblich-orangen Kehlfleck ▼. Sohlen stark behaart. Nachtaktiv, aber auch in der Dämmerung. Sehr guter, behender Kletterer.

Igel

21-35 cm. Plumper Körper mit kurzen Beinen, Körperoberseite mit Stacheln besetzt ▼. Gesicht braun, mit heller v-förmiger Zeichnung. Unterwuchsreiche Laubwälder, Mischwälder, Waldränder, Feldfluren, Gärten.

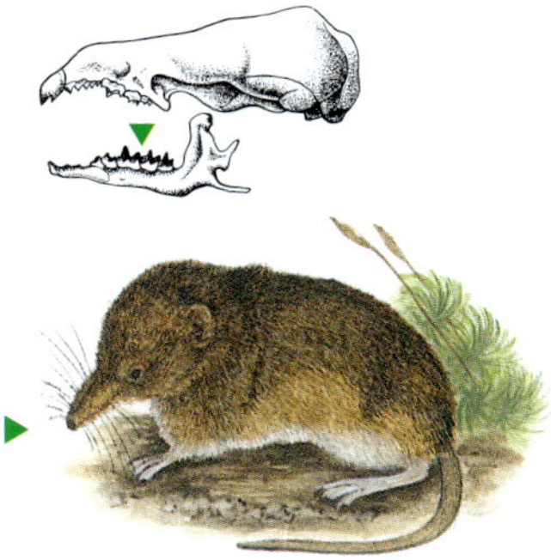

Waldspitzmaus

9-13 cm. Fell an Oberseite dunkelbraun, Flanken hellbraun, Unterseite gelblich-grau. Rüsselförmig verlängerte Nase ▼. Zahnspitzen rot bis rotbraun ▼. Gibt quietschendes Pfiffe von sich. Sehr flink.

Baumfalke

30-36 cm. Unterseite schieferfarben, mit dunklen Streifen, schwazer Bartstreif ▼, typisch die rostfarbenen „Hosen" unter dem Schwanz ▼. Flugbild mit langen sichelförmigen Flügeln. Offene und bewaldete Landschaft.

Würgfalke

45-55 cm. Oberseite dunkelbraun, Kopf hell gefärbt ▼, Unterseite breit gestreift. Jagt im Flug und am Boden. Offenes, bewaldetes Gelände, Steppe. Kommt nur in Osteuropa vor.

Sperber

28-38 cm. Erinnert an einen kleinen Habicht. Unterseite weiß mit Querstreifen. Überraschungsjäger: stößt plötzlich ins Gebüsch, im offenen Gelände segelnd. Nistet in Nadelwäldern.

Habicht

48-68 cm. Unterseite hell mit braunen Streifen ▼. Recht langer Schwanz. Sitzt nahe vom Baumstamm auf den Ästen. Kommt in Nadel- und Laubwäldern vor, jagt auch im offenen Gelände.

Mäusebussard

50-57 cm. Eine der häufigsten Greifvögel. Fliegt langsam, segelt in Kreisen. Im Flug gut das dunkle Band am hinteren Schwanzende zu erkennen ▼. Typisch der miauende „Hiääh"-Schrei. Jagt über Wäldern und in offener Landschaft. Sitzt oft auf Leitungsmasten.

Wespenbussard

52-60 cm. Unterscheidet sich im Flug vom Mäusebussard durch seinen längeren Schwanz, der drei dunkle Binden hat ▼. Unterschiedliche Färbungen (wie Mäusebussard).

Rotmilan

61-66 cm. Heller Kopf, sonst rostbraunes Gefieder. Neben dem Schwarzmilan der einzige große Greifvogel mit stark gegabeltem Schwanz ▼. Am äußeren Flügelrand deutliche helle Flecken ▼. Segelt.

Schwarzmilan

55-60 cm. Dunkelbraunes Gefieder ▼. Schwanz im Flug weniger tief gespalten wie Rotmilan ▼. Segelt. Laub- und Nadelwälder nahe Gewässern.

Kornweihe

43-52 cm. Männchen hellgrau mit schwarzen Flügelspitzen, Weibchen mit auffallend bebändertem Schwanz und heller Unterseite. Auffällig die weißen Bürzel ▼. Nistet am Boden im offenen Gelände.

Zwergadler

45-55 cm. Bussardgroß, kommt in zwei Farbvarianten vor: dunkelbraun mit etwas hellerem Schwanz oder häufiger mit heller Ober- und Unterseite und deutlich dunklen Flügelrändern. Nur in Südost- und Südwesteuropa.

Schreiadler

57-64 cm. Der ganze Körper dunkelbraun gefärbt. Im Flug sind die Flügel sehr breit und an den Spitzen geteilt ▼. Nur in Osteuropa.

Schlangenadler

62-67 cm. Großer Kopf ▼, mit graublauen Flecken. Unterseite graubraun. Im Flug dunkle Brust sichtbar, Rest der Unterseite ist hell ▼. Jagd Schlangen und Eidechsen. Nur in Süd- und Osteuropa.

Rauhfußkauz

24-26 cm. Großer weiß gepunkteter Kopf ▼, deutlicher weißer Schleier mit dunkler Umgrenzung. Lebt in Wäldern der Gebirge. Ruft erst aufsteigend, dann absinkend melodisch „pu pu pu".

Sperlingskauz

16-17 cm. Kleinste Eule in Europa, deutlicher dunkler Schwanz mit Querstreifen ▼. Typisches Schwanzwippen. Jagt auch manchmal tagsüber. Ruft pfeifend „djühb djühb" und „kuwitt".

Waldkauz

37-39 cm. Gedrungen mit großem Kopf und nur undeutlichem, dunklen Schleier ▼. Graues bis rostbraunes Gefieder ▼, Unterseite immer heller. Ruft schaurig klingendes langgezogenes tremulierendes „Hu-hu, hu-u-u-u-u".

Waldohreule

35-37. Auffallende lange Ohrbüschel ▼, orangenfarbene Augen. Gefieder beige-braun mit dunklen Flecken. Ruft stöhnend und einsilbig „U-u-u". Streng nachtaktiv.

Schwarzspecht

44-48 cm: Ganzer Körper schwarz, Männchen mit rotem Scheitel ▼, Weibchen mit rotem Nackenfleck ▼. Geradliniger Flug. Trommelt. Ruft laut „kliöh" und im Flug „krikrikrikri". Laub- und Mischwälder mit reichlich Nadelholz.

Dreizehenspecht

21-22 cm. Einziger Specht mit drei Zehen und gelbem Scheitel ▼ (nur beim Männchen). Gestreifter Kopf, überwiegend schwarze Flügel, weißer Rücken, gestreifte Flanken und Flügelunterseiten. Sehr selten.

Grauspecht

25-26 cm. Grauer Kopf, Männchen mit rotem Vorderscheitel. Dunkler Bartstreif ▼. Schwer zu entdecken und kleiner als der Grünspecht (mit rotem Scheitel und größerem Bartstreif) ▼. Bewohnt Wälder.

Weißrückenspecht

24-26 cm. Männchen mit rotem ▼, Weibchen mit schwarzem Scheitel. Schwarzer Schulterbereich ▼, Flügel in Ruhe deutlich schwarz-weiß gebändert. Sehr selten, nur im Alpenraum. Laub- und Mischwälder.

Buntspecht

22-23 cm. Häufigste Buntspechtart. Männchen mit dreifarbigem Gefieder: roter Nackenfleck ▼ und rote Unterschwanzfedern, weißer Flügelfleck. Trommelt besonders im Frühling. Ruft laut und hart „kick". Bewohnt Wälder und Parks.

Blutspecht

22-23 cm. Unterscheidet sich vom Buntspecht durch den schwarzen Verbindungsstreifen am seitlichen Kopf ▼. Unterschwanzfedern nicht so leuchtend rot, eher rosa. Lebt in offenen Landschaften, nicht im geschlossenen Wald.

Mittelspecht

20-22 cm. Männchen und Weibchen mit rotem Scheitel ▼, untere Bauchseite rosa ▼, gefleckt. Trommelt nur wenig. Ruft im Frühjahr vor allem kläglich quakend „ääk". Laubwald, besonders in Eichenwäldern.

Kleinspecht

14-15 cm. Kleinster Specht, nur sperlingsgroß. Rücken und Flügel vollständig schwarzweiß gebändert ▼, aber ohne große weiße Flecken auf den Schultern. Hält sich meistens in den Baumwipfeln auf und ist deshalb schwer zu sehen.

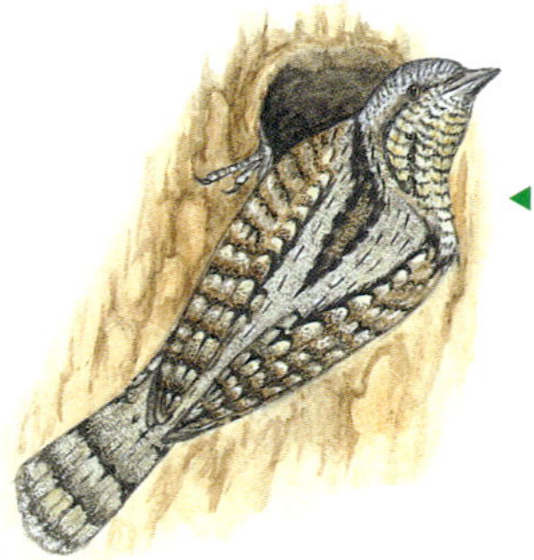

Wendehals

16-17 cm. Gefieder braun bis grau gesprenkelt ▼. Gerader Schnabel. Ruft besonders im Frühjahr laut „gäh-gäh-gäh-gäh", der Stimme nach schwer zu orten. Bewohnt lichte Laub- und Mischwälder, Obstanlagen.

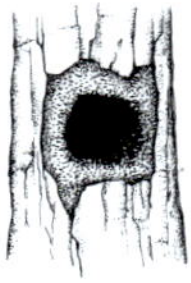

Kleiber

14 cm. Sehr guter und flinker Kletterer, auch kopfüber ▼. Oberseits blaugrau, unterseits rostfarben. Kurzer Schwanz. Ruft laut und schallend „twiht, twiht" oder pfeifend „tüh". Verschließt die Baumhöhle bis auf das Flugloch mit Lehm ▼.

Waldbaumläufer

12,5 cm. Unterseite weiß ▼. Hintere Kralle auffallend lang ▼. Unterscheidet sich vom Gartenbaumläufer vor allem durch den Gesang: an die Blaumeise erinnernd, erst abfallend, dann wieder ansteigend. Ruft dünn und hoch „sri".

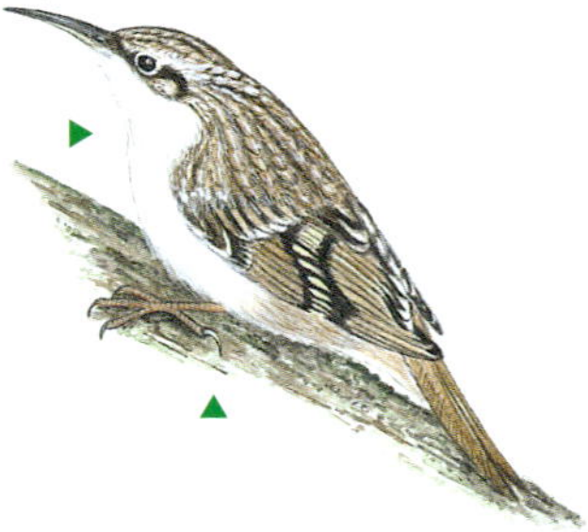

Gartenbaumläufer

12,5 cm. Schnabel etwas länger als beim Waldbaumläufer ▼, kürzere Hinterzehkralle ▼, bräunliche Körperseiten. Gesang ist viel kürzer, „ti, ti, zir-lui-ti", ruft leise „sri" oder „ti". Lichte Wälder, Parks, Obstwiesen, Alleen.

Jungtier

Alttier

Auerhuhn

67-94 cm. Großer Vogel. Männchen dunkelgrau, schwarz und braun mit grünlich schillerndem Brustfleck, Weibchen braun bis rostfarben. Balz am Boden oder auf Ästen mit aufgefächerten Schwanzfedern ▼. Gebirgswälder.

Jungtier

Alttier

Birkhuhn

42-62 cm. Fast ganz schwarz mit weißer Flügelbinde und gegabeltem Schwanz, Unterschwanzfedern weiß ▼. Balzende Hähne treffen sich an bestimmten Plätzen, sträuben Gefieder. Lichte Gebirgswälder, Moore und Heiden.

Haselhuhn

34-37 cm. Braunes Gefieder mit grauen, weißen und rostroten Flecken. Männchen mit kleiner Haube auf dem Kopf ▼ und mit schwarzem Kehlfleck. Lebt sehr versteckt in unterholzreichen Bergwäldern, in der Nähe von Bächen.

Waldschnepfe

33-35 cm. Braun-rostfarbenes Gefieder mit schwarzen Bändern. Langer Schnabel, kurzer Schwanz und abgerundete Flügel ▼. Fliegt nur in der Dämmerung. Balzflug ab Mitte März, über Waldschneisen, „pssieb" und „kworr" rufend.

Rabenkrähe

46 cm. Es gibt zwei Unterarten, die ganz schwarze Rabenkrähe ▼ im westlichen Europa, und die schwarzgraue Nebelkrähe ▼ im östlichen Europa. Nistet auf Bäumen und ruft krächzend „arrk" oder „krah".

Tannenhäher

33 cm. Dunkelbraunes Gefieder mit weißen Punkten ▼, auffälliges weisses Schwanzende ▼. Ruft „rätsch" oder ein rauhes „kror". Bewohnt Nadel- und Mischwälder, in den Alpen besonders Arvenwälder. Sitzt oft auf Baumwipfeln.

Eichelhäher

34 cm. Auffälliger blauer Fleck auf beiden Flügeln ▼, weißer Bürzel ▼. Fliegt mit unregelmäßigen Flügelschlägen. Ruft laut und wild kreischend „rätsch" oder „raak". Sehr verbreitet.

Blauracke

32 cm. Neben dem Eichelhäher der einzige krähengroße Vogel mit viel Blau im Flügel ▼. Im Flug erscheint der ganze Vogel blau mit schwarzen Schwingen. Flug geradlinig, bewohnt dichte Wälder und Gelände. Selten.

Ringeltaube

40-42 cm. Länglicher weißer Streifen am Hals ▼ und auf den Flügeln ▼. Balz des Männchens im Steigflug, klatscht mit den Flügel zusammen und gleitet abwärts. Singt laut und 5mal wiederholend „ku-ku-ru-ku".

Hohltaube

32-34 cm. Mit zwei kleinen schwarzen Bändern auf den Flügeln ▼. Graues Federkleid ganz ohne weiß ▼. Nistet in Baumhöhlen, meistens von Schwarzspechten. Ruft monoton und nicht laut „hu-ru"

Ziegenmelker

26-28 cm. Braunes, rindenfarbenes Tarngefieder, flacher Kopf mit großen Augen. Nachtaktiv, fängt Nachtschmetterlinge. Tagsüber in Längsrichtung auf Ästen sitzend ▼. Schnurrender Gesang, nach Sonnenuntergang. Waldränder.

Amsel

24-25 cm. Männchen schwarz mit orangegelbem Schnabel ▼. Weibchen oben dunkelbraun, oben heller. Aufgescheuchte Amseln geben ein aufgeregtes Zetern von sich. Gesang: getragen, feierlich, flötend. Nest ▼ in Büschen oder Bäumen.

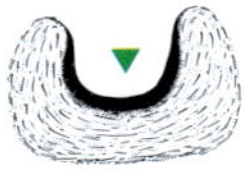

Singdrossel

23 cm. Rücken braun-olivfarben, heller Bauch mit dunklen Tupfen. Im Flug erscheinen die Flügelunterseiten orange. Singt mehrsilbige, sich wiederholende Flötentöne, z. B. „Judith, Judith, Kühledieb, Kühledieb" usw. ▼. Nest kahl ▼.

Rotdrossel

21 cm. Oberseite braun mit hellem Überaugenstreif ▼ und roten Körperseiten und Flügelunterseiten ▼. Als Wintergast in Mitteleuropa, nistet in Osteuropa und Skandinavien. Im Gebüsch am Rande der Tundra.

Misteldrossel

27 cm. Ähnlich wie Singdrossel gefärbt, allerdings mit größeren Tupfen am Bauch ▼. Im Flug sind die Flugunterseiten weiß ▼. Singt zwei laute, hohe Flötentöne in Folge. Sehr scheu, lebt in dichten Wäldern.

Wachholderdrossel

25 cm. Grauer Kopf ▼ und Flügelunterseiten, dort mit Weiß ▼. Rücken grau mit Braun, Brust gelblich. Nistet in kleinen Gruppen und bewohnt lichte Birkenwälder, auch Nadelwald und Obstpflanzungen.

Gartengrasmücke

14 cm. Einfarbig braungrau mit rundlichem Kopf, Unterseite heller ▼. Lebt in unterwuchsreichen Wäldern, oft Schonungen, im Gebüsch. Langer, volltönender „orgelnder" Gesang. Nur selten zu sehen. Zugvogel.

Baumpieper

15 cm. Ähnelt mit seinem getupften Bauch und Rücken ▼ den Drosseln, deutlich kleiner. Gesang im Singflug oder von einem Baum aus: lautes Schmettern und Trillern mit „zia-zia-zia" endend. Bewohnt lichten Wald, offenes Gelände mit Büschen.

Zaunkönig

10 cm. Sehr kleiner Vogel mit kurzem, oft aufgerichtetem Schwanz ▼. Gefieder dunkel und quergestreift. Körper rundlich. Lebt versteckt im Gebüsch, singt laut schmetternd mit einem harten Triller.

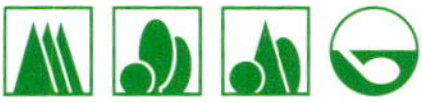

Nachtigall

16,5 cm. Oberseite braun, Unterseite graubraun, rotbrauner Schwanz ▼. Bewohnt dichte Laubwälder, besonders mit feuchtem Gelände, Ufergebüsch. Singt laut, strophenreich und wohltönend, nachts und tagsüber.

Buchfink

15 cm. Männchen mit roter Brust, graublauem Kopf ▼ und grünem Bürzel. Weibchen rostbraun, ebenfalls grünlicher Bürzel. Laufen oder hüpfen am Boden. Gesang laut schmetternd, am Ende der Strophe ein „kick" angehängt.

Fichtenkreuzschnabel

16,5 cm. Männchen lebhaft rot, Weibchen olivgrün-grau gefärbt. Spitzen von Unter- und Oberschnabel gekreuzt ▼. An das Vorhandensein von Nadelwaldungen gebunden. In manchen Jahren regelrechte Invasion nach Westeuropa.

Gimpel (Dompfaff)

15-17 cm. Großer Finkenvogel mit auffallend rotem Bauch (Männchen) und kurzem schwarzen Schnabel ▼. Schwarzer Kopf. Im Flug der weiße Bürzel erkennbar ▼. Ruft sanft pfeifend „dü". Bewohnt Wälder, Parks.

Kernbeißer

18 cm. Vogel mit auffallend dickem Schnabel ▼ (zum Aufknacken von Nüssen und Kirschkernen). Flügel schwarzblau schimmernd mit besonders ausgeformten Federn ▼. Lebt versteckt in den Baumwipfeln. Ruft scharf „zick" oder „zieh".

Gartenrotschwanz

14 cm. Männchen ist dreifarbig, Weibchen grau-grünlich-beige, beide mit rostrotem Schwanz ▼, der immer leicht zittert. Wohltönender Gesang mit hohem langgezogenen Anfangston. Bewohnt Laub- und Mischwälder, Obstwiesen, Gärten. Zugvogel.

Zeisig

12 cm. Kleiner gelbgrüner Fink mit gelbem Bürzel und schwarzem Scheitel ▼. Leben in Gruppen, ernähren sich vor allem von Birken- und Erlensamen. Bewohnt Nadelwälder, im Winter eher andere Gehölze und Parks.

Winter- und Sommergoldhähnchen

9 cm. Zwei der kleinsten Singvögel Europas. Flinker und selten sichtbarer Vogel in Nadelbäumen. Singt sehr leise „sisisi". Sommergoldhähnchen mit schwarzem Augenstreif ▼.

Rotkehlchen

14 cm. Leicht zu erkennen durch orangenfarbene Stirn, Kehle und Brust ▼. Knickst wenn es steht. Brütet am Boden, aber ist im unteren Geäst oft zu sehen. Gesang aus hohen, gepressten Tönen mit melodischem abfallenden, sanftem Trillern.

Pirol

24 cm. Männchen mit leuchtend goldgelb-schwarzen Gefieder ▼, Weibchen grünlich ▼. Schwer zu entdecken, aber deutlicher Gesang: Gemisch aus pfeifenden, schnalzenden und schwatzenden Lauten, viele Nachahmungen, oft mit „duliö".

Kohlmeise

14 cm. Häufige Meise, kenntlich am schwarz-weißen Kopf und gelben Bauch. Schwarzes Längsband beim Männchen breiter als beim Weibchen ▼. Singt laut „zi-zi-bäh, zi-zi-bäh, zi-zi-bäh". Wälder und Gärten.

Blaumeise

11,5 cm. Einziger Kleinvogel mit blauem Scheitel ▼ und gelbem Bauch ▼. Dunkler Augenstreif. Sehr lebhaft. Singt „zi-zi-zirrrrr". In Laub- und Mischwäldern, Gärten.

Zwergschnäpper

11,5 cm. Männchen ähnlich wie Rotkehlchen gefärbt ▼, aber kleiner und viel seltner, Weibchen oben graubraun, unterseits beige-weiß. Beide mit weißer Schwanzwurzel. Gesang glockenhell. Lebt in unterholzreichen Hochwäldern.

Mönchsgrasmücke

14 cm. Grau-beiger Vogel mit dunklen Flügeln und deutlicher „Kappe", beim Männchen dunkel ▼, beim Weibchen rötlich ▼. Singt melodiöses Zwitschern mit charakteristischem Ende. Bewohnt Wälder, Gehölze, Gärten. Zugvogel.

Sumpfmeise

11,5 cm. Glänzend schwarzer Oberkopf und Kehlfleck ▼, weiße Wange. Ruft „pistjä", anschließend schnell und zeternd „zjezjezjezje ...". Lebt in Laubwäldern, Parks, zeigt aber keine besondere Vorliebe für Sümpfe.

Weidenmeise

12 cm. Von der Sumpfmeise durch den mattschwarzen Oberkopf und den größeren Kehlfleck ▼, besonders deutlich durch die Stimme zu unterscheiden. Ruft ein breites gedämpftes „däh, däh, däh", Gesang pfeifend „dihdihdih" oder „zjih-zjih-zjih..."

Tannenmeise

11 cm. Rücken, Flügel und Schwanz sind grau, weißer Nackenfleck ▼. Ruft leise „dih" und „si-si", singt mit dünner Stimme „wize-wize-wize". Bewohnt hauptsächlich Nadelwälder, auch Mischwälder.

Waldlaubsänger

12,5 cm. Gelbe Brust ▼, weißer Bauch. Singt während des Fluges ein trockenes Schwirren „ipp sipp sippsippsipp srrrrr" oder schneller werdende klagende Flötentöne. Lebt in Wäldern, vor allem an Buchen.

Zilpzalp

11 cm. Rücken braun-grünlich, Brust und Bauch hellgrün, weißlich ▼. Dunkle Beine und Füße ▼. Singt monoton „zilpzalp, zilpzilpzalp ..." mit eingeschobenen leisen „trrt". Wälder, Parks, Gärten.

Fitis

11,5 cm. Äußerlich kaum unterscheidbar vom Zilpzalp. Helle Beine ▼ und baut höhlenförmiges Nest ▼. Am besten durch den Gesang zu unterscheiden: Singt zarte, weiche, wohltönende und langsam abfallende Tonreihe. Ruft zweisilbig „hiud". Zugvogel.

Gelbspötter

13 cm. Rücken braun-grünlich, unterseits gelb, Beine blaugrau ▼. Spitzer Kopf ▼. Gesang aus scharfen Tönen, mit vielen Nachahmungen, dazwischen kennzeichnendes „dideroi". Lebt in Obstpflanzungen, Waldränder und Gärten. Zugvogel.

Halsbandschnäpper

13,5 cm. Männchen mit schwarz-weißem Kopf und weißem Halsband und Bauch ▼, Weibchen durchgängig grau-braun und ohne Halsband. Insgesamt ähnlich dem häufigeren Trauerschnäpper, der kein weißes Halsband hat ▼. Selten.

Heckenbraunelle

14,5 cm. Kopf, Hals und Brust grau ▼. Rücken und Flügel braun mit schwarzen Flecken. Lebt versteckt, aber man hört oft den Gesang: kurze schnelle klirrende Strophe, ruft dünnes „ziht". Bewohnt Wälder, Hecken und gebüschreiches Gelände.

Schwanzmeise

14 cm. Klein, rundlich und mit sehr langem Schwanz ▼, kurzer Schnabel. Gefieder weiß, schwarz und rosa. Halten sich in Gruppen im Gebüsch auf und bauen kunstvolle kugelige Nester. Nordosteuropäische Rasse mit reinweißem Kopf ▼.

Haubenmeise

11,5 cm. Einzige Meise mit Kopfhaube ▼. Versteckt und kaum zu sehen. Ruft ein lockeres „gür-r-r" und leises „sisi". Bewohnt Nadelwälder, auch Parks mit Nadelbäumen oder Mischwälder.

Waldeidechse

11-16 cm. Männchen mit orange-gelbem Bauch ▼; beim Weibchen beige-gelblich. Eher seltene und scheue Eidechse, tagaktiv. Guter Kletterer und steigt bis hoch in die Bäume. Bereits ab März zu sehen.

Blindschleiche

25-50 cm. Beinlose Echse mit glatten Schuppen, hell- über kupfer- bis schwarzbraun. Runde Pupillen (!). Tag- und Dämmerungsaktiv, liegt oft auf Steinen, um sich aufzuwärmen. Überall an mäßig feuchten, gut bewachsenen Stellen.

Kreuzotter

50-80 cm. Gedrungene Schlange mit großen Kopfschuppen ▼. Pupillen senkrecht. Dunkles Zickzack-Band auf dem Rücken ▼. Giftig! Meidet die pralle Sonne. Lebt in Wäldern, an Wald- und Feldrändern.

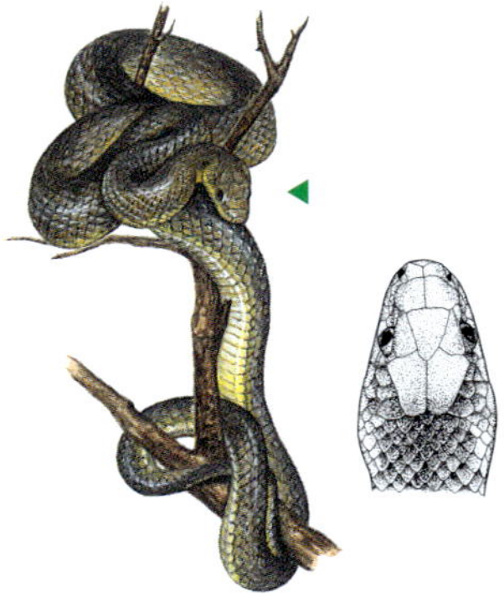

Äskulapnatter

100-200 cm. Oberseite braun bis grünlich ▼, glänzend. Unterseite hell. Seltene, ungiftige Schlange, sehr wärmeliebend, lebt in lichten Laubwäldern mit trockenem, steinigem Gebüsch. Klettert ausgezeichnet.

Feuersalamander

20-28 cm. Glänzend schwarz mit unregelmäßigen leuchtend gelben bis orangefarbenen Flecken ▼. Die Flecken können auch zu Längsstreifen verschmelzen. Lebt in feuchten Wäldern mit sauerstoffreichen Gewässern.

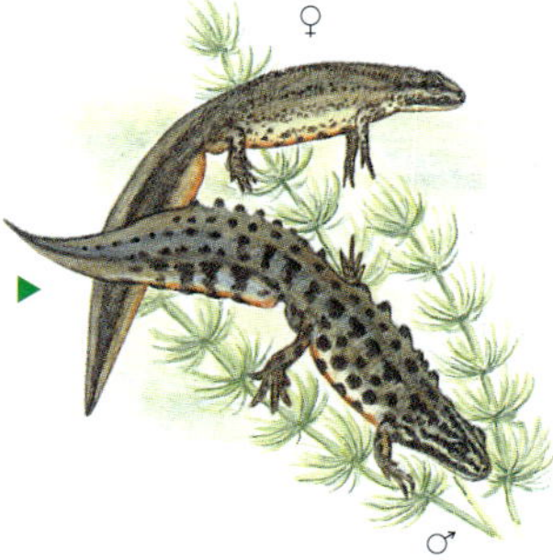

Teichmolch

7-11 cm. Schlanker Schwanzlurch mit glatter Haut, Rücken gelbbraun, Kehle und Bauch orange mit schwarzen Tupfen. Männchen zur Laichzeit mit welligem Kamm bis zum Schwanzende ▼. Ende Juni verlassen sie das Wasser und leben versteckt im Laub.

Karpatenmolch

4,5-10 cm. Männchen hat während der Laichzeit nur niedrige Hautleiste. Am Schwanzende mit auffälligem Endfaden ▼. Lebt auf dem Grund stehender Gewässer, in Gebirgsregionen der Karpaten.

Fadenmolch

9 cm. Während der Laichzeit färbt sich der gepunktete Schwanz des Männchens orange und bekommt einen Endfaden ▼ (Schwanzfaden). Die Weibchen schwimmen in vorrübergehenden Tümpeln und Pfützen umher.

Erdkröte

7-16 cm. Braune Haut übersäht mit Warzen, Pupille waagrecht ▼. Meist dämmerungs- und nachtaktiv, nur bei der Brunft auch tagsüber unterwegs. Lebt im Wald, Kulturland, in der Nähe von Gewässern zum Laichen.

Laubfrosch

3-5 cm. Kleinster einheimischer Frosch, kann dank seiner Haftscheiben ▼ klettern. Sitzt tagsüber oft auf Blättern in der Sonne. Färbung variabel: grasgrün, gelblich, bräunlich, selten sogar blau. Singt im Chor „käkäkäkä".

Grasfrosch

6-8 cm. Oberseits grau, braun-olivfarben mit dunklen Flecken. Stumpfe Schnauze ▼. Lange Beine. Bewohnt feucht Wälder, Wiesen, erscheint als erster Frosch im Jahr.

Moorfrosch

4-7 cm. Schnauze spitzer als beim Grasfrosch ▼, glatte Oberseite sehr variabel gefärbt: von hell- bis dunkelbraun, einfarbig oder dunkel gefärbt. Lange Hinterbeine ▼. Einige Männchen sind während der Laichzeit blau gefärbt. Feuchte Wälder.

Lederlaufkäfer

26-42 mm. Halsschild und Flügeldecken stumpf grauschwarz ▼. Flügeldecken lederartig gerunzelt. Stellt sich hoch auf seine Beine um zu drohen. Fliegt nicht. Nachtaktiv. Lebt in feuchten Laubwäldern.

Blauer Laufkäfer

24-35 mm. Flügeldecken blau-violett glänzend, mit je drei Rillen auf jeder Seite ▼. Jagt während der Nacht nach Insekten, saugt auch an Früchten. Lebt in feuchten Wäldern unter altem Holz und Baumrinde.

Goldschmied

17-28 mm. Halsschild und Flügeldecken mit Gold- oder Messingschimmer, auf jeder Flügeldecke 3 schwarzen Rippen ▼. Kopf und Brustunterseite kupferfarben. Viele lokale Rassen auf Hügeln und im Gebirge. Häufig auf Kulturland.

Glatter Laufkäfer

27-32 mm. Matt glänzender schwarzer Laufkäfer, hinten fast abgeplattet ▼. Jagt an feuchten Stellen, häufig auch am Tag. Ist nach Regen oft auf Wegen und in der Nähe von Bächen anzutreffen.

Zweigefleckter Eilkäfer

5 mm. Mit sehr großen Augen. Flacher Körper mit glänzenden bronzefarbenen Flügeldecken. Große Kiefernklauen. Sehr flink und lebhaft. Adulte Tiere halten Winterschlaf. Bewohnt Wälder und Gärten.

Wald-Sandlaufkäfer

12-16 mm. Körper schwarz bis dunkelbraun: Purpurschimmer und mit gelben Bändern auf den Flügeldecken ▼. Unterseite metallisch-blau. Läuft sehr flink. Wenn gestört, fliegt er davon. Kiefernwälder.

Großer Puppenräuber

25-35 mm. Flügeldecken goldgrün bis kupferrot, stark gestreift ▼. Fliegt sehr gut. Käfer und Larve jagen Schmetterlingsraupen auf Bäumen. Tagaktiv. In Laubwäldern.

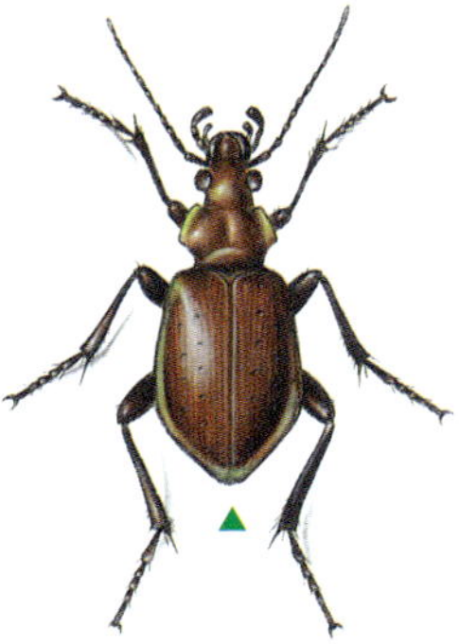

Kleiner Puppenräuber

16-21 mm. Ähnlich wie großer Puppenräuber, jedoch dunkel bronzefarben ▼ oder schwarz, grünlich oder blau schimmernd. Hält sich am Boden im Laubstreu auf. Jagt Raupen und andere Insekten. V. a. in Eichen- und Buchenwäldern.

Schwarzer Fichten-Dickmaulrüssler

6-10 mm. Schwarzer Käfer mit hellen Flecken auf Flügeldecken und dickem Rüssel ▼. Im Frühjahr nagt er an den jungen Fichten- und Tannen-trieben. Bewohnt v. a. Mittelgebirge.

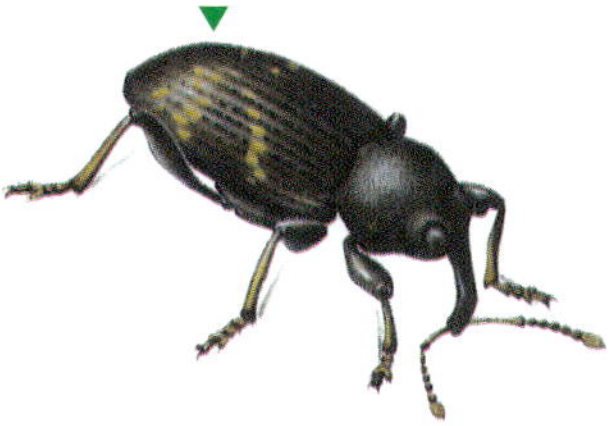

Großer Brauner Rüsselkäfer

7-14 mm. Dunkelbraun mit gelblichen Flecken auf den Flügeldecken und Halsschild ▼. Fressen an der Rinde junger Triebe von Fichten und Kiefern. Larven in alten Stümpfen.

Kiefernrüssler

5-9 mm. Ähnlich wie Brauner Rüsselkäfer, aber schlanker. Braun gefärbt mit hellen Streifen und Flecken auf den Flügeldecken. Lebt auf und an Kiefernstämmen im Gebirge. Larven in lebendem oder totem Holz.

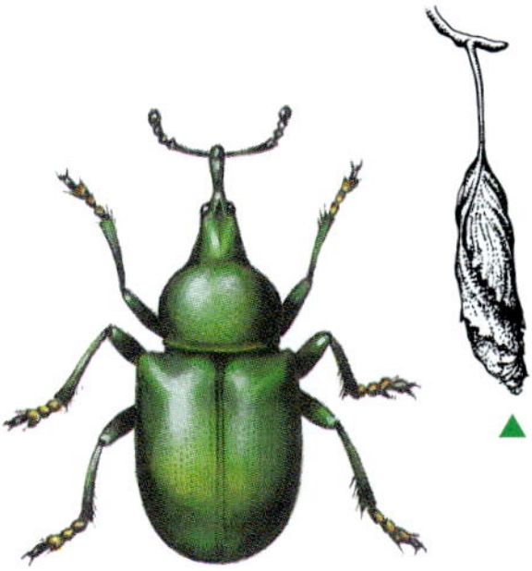

Rebenstecher

4-6 mm. Meistens grün metallisch gefärbt, manchmal auch blaue oder dunkelviolette Exemplare. Wie ähnlichem Pappelblattroller auch auf Weiden und Pappeln. Weibchen fertigt Blattwickel für die Eier ▼.

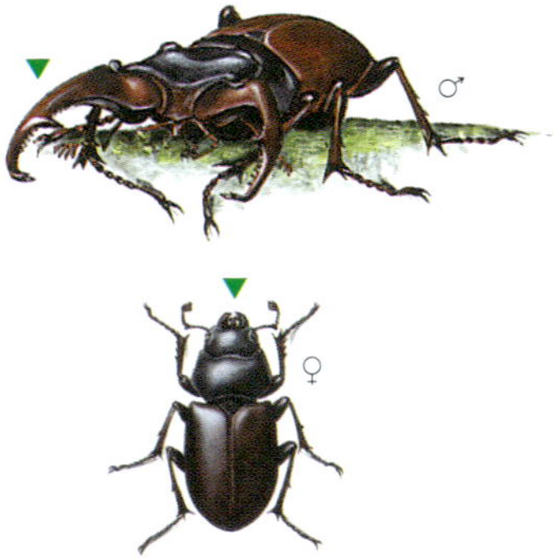

Hirschkäfer

Große Käfer: Männchen 35-75 mm, die Kiefer sind übermäßig groß und zu geweihartigen Zangen ▼ umgebildet. Weibchen kleiner, 30-45 mm mit kürzeren Zangen ▼. Fliegt recht gut, nachts, und leckt Saftfluss blutender Bäume. Wird immer seltener.

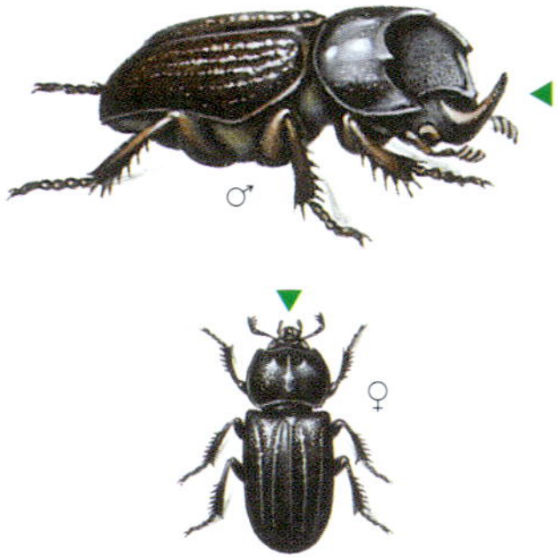

Baumschröter

12-16 mm. Auffällig zylindrischer Käfer. Männchen mit langem ▼, Weibchen mit kurzem Kopfhorn ▼. Lecken austretenden Saft von Bäumen, Larven leben in verrottenden Buchenstümpfen.

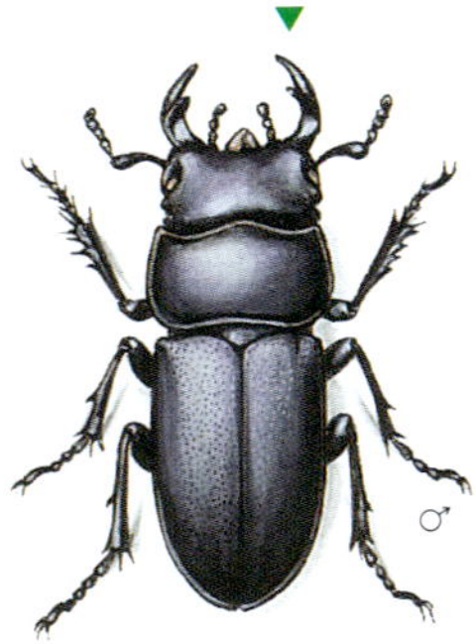

Balkenschröter

18-32 mm. Käfer mit deutlichem kleinen Geweih ▼, beim Männchen etwas größer als beim Weibchen. Saftlecker, Larven in verrottenden Baumstümpfen und Laub. Nachtaktiv.

Nashornkäfer

25-40 mm. Männchen mit großem, gekrümmten Kopfhorn ▼, Weibchen nur mit kleiner Spitze. Fliegt an Sommerabenden. Tagsüber hält er sich unter der Rinde auf. Larven in verrottendem Holz und Pflanzen.

Waldbock

12-24 mm. Unterscheidet sich von den anderen Bockkäfern durch sein ungewöhnlich kurzen Fühler. Große, kräftige Kiefer ▼. Körper fast zylindrisch. Fliegt am Abend in Kiefernwäldern. Larven leben in Baumwurzeln.

Sägebock

18-45 mm. Großer Käfer mit dicken Fühlern ▼ und Dornen auf dem Brustschild ▼. Verlässt nachts sein Versteck unter der Rinde. Fliegt eher schlecht. Larven in Baumwurzeln.

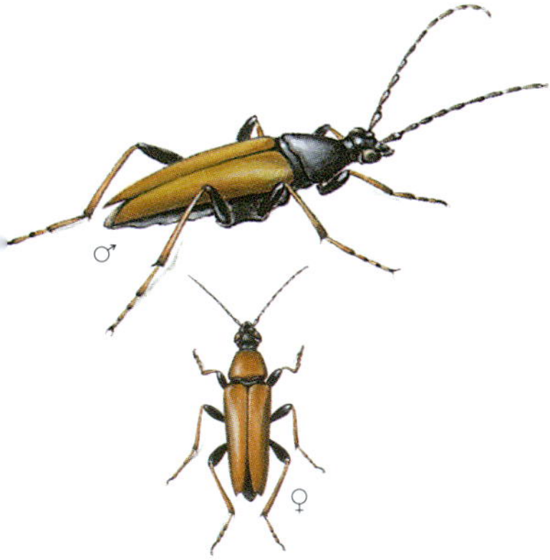

Rothalsbock

10-19 mm. Beim Weibchen Flügeldecken und Brustschild rot, beim Männchen Flügeldecken gelblich-orange, Brust schwarz. Flügeldecken verschmälern sich nach hinten. Käfer ernähren sich von Doldenblüten am Waldrand. Larven in totem Nadelholz oder Wurzeln.

Gefleckter Schmalbock

14-22 mm. Färbung variabel. Lebt von Blüten und Kräutern, dort häufig anzutreffen. Lange Fühler. Flügeldecken hinten stark verjüngt. Die Larven entwickeln sich in verrottenden Laubbaumstümpfen.

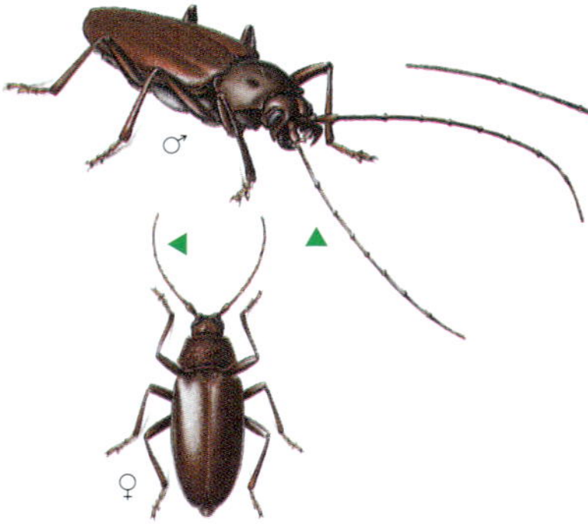

Mulmbock

40-60 mm. Die Fühler der Männchen genauso lang wie sein Körper ▼, die der Weibchen reichen nur bis zur Hälfte der Flügeldecken ▼. Fliegt am Ende des Sommers in den Abendstunden, immer in Kiefernbeständen.

Großer Eichenbock

24-53 mm. Einer der größten Käfer Europas. Die Fühler der Männchen können bis zu 10 cm lang werden ▼. Fliegt abends um alte Eichen, im Stamm leben die Larven. Sehr selten und geschützt.

Moschusbock

13-34 mm. Schlank und metallisch grün ▼, auch kupfrig oder blau gefärbt. Sondert einen Moschusgeruch aus. Lebt fast ausschließlich an alten Weiden. Larven entwickeln sich in Weiden.

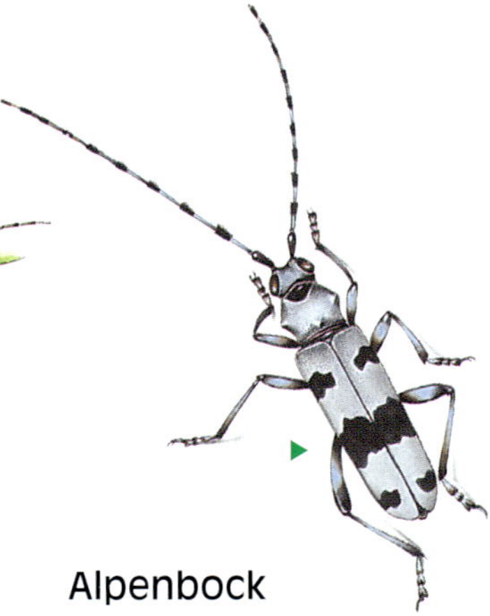

Alpenbock

15-38 mm. Flügeldecken blaugrau mit schwarzen Bändern ▼. Lebt in Gebirgswäldern, die Larven entwickeln sich in Buchen. Sehr selten und geschützt!

Scharlachroter Stäublingskäfer

4-6 mm. Roter Käfer mit großen schwarzen Flecken auf den Flügeldecken. Wird oft für einen Marienkäfer gehalten, jedoch flacher, Fühler länger. Fressen Pilze unter der Rinde toter oder absterbender Bäume, besonders an Buchen.

Augenmarienkäfer

8-9 mm. Ähnlich dem bekannten Siebenpunkt-Marienkäfer, aber etwas größer, das rot weniger leuchtend. Gewöhnlich an oder auf Nadelbäumen. Jagt und frisst Blattläuse.

Vierfleckiger Kugelmarienkäfer

3-5 mm. Symmetrische rote Zeichnung auf den glänzend schwarzen Flügeldecken. Rote, unregelmäßige Flecken. Erscheint zu Anfang des Frühlings. Jagt Schildläuse.

Vierfleckiger Baumschwammkäfer

5-6 mm. Lebt an Baumschwämmen auf Laubhölzern, gelegentlich auf Dung, wo sich viele Individuen der gleichen Art treffen. Färbung der Flügeldecken variabel.

Fuchsroter Kurzflügler

7-12 mm. Kopf, die kurzen Flügeldecken und Schwanzspitze schwarz ▼, der Rest des Körpers ist orange-rot gefärbt ▼. Glänzend. Käfer und Larven leben in größeren Blätterpilzen im Wald. Im Sommer und Herbst häufig.

Neunfleckiger Prachtkäfer

13-20 mm. Dunkelbraun mit metallischem Glanz und gelben Flecken auf den Flügeldecken. Larven leben im Stamm und in Wurzeln von Kiefern. Käfer fliegen im Juni bis August.

Zweibindiger Eichenprachtkäfer

7-11 mm. Flügeldecken grün-metallisch glänzend mit dunklen Bändern am hinteren Ende ▼. Die Käfer sieht man auf den Blättern von Eichen von Mai bis Juni. Die Larven entwickeln sich in den Ästen.

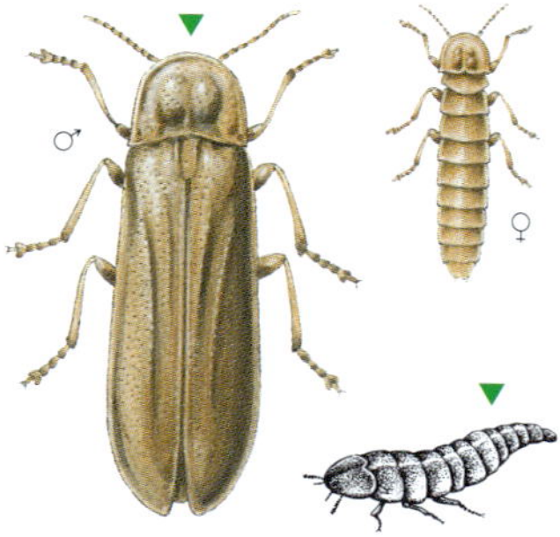

Glühwürmchen

11-12 mm. Flugunfähige Weibchen locken mit ihrem grünlichen Leuchten die Männchen ▼ an. Männchen mit Flügeln, leuchten ebenfalls, aber intermittierend. Larven ▼ jagen Schnecken, die sie durch ihren Biss lähmen.

Blutroter Schnellkäfer

13-18 mm. Schwarzer Kopf und behaartes Brustschild, rote Flügeldecken und Körper. Liegt er auf dem Rücken, kann er empor schnellen und sich umdrehen. Diese Bewegung macht ein knackendes Geräusch. Larven in zerfallendem Nadelholz.

Gebänderter Rindenkäfer

2,6-3,5 mm. Familie der Rindenkäfer. Schmaler Körper, dunkel mit rostbraunen Flecken. Lebt unter der Rinde von alten Bäumen und jagt dort nach Insektenlarven, v. a. Borkenkäferlarven. Auch an Pilzen zu finden.

Spanische Fliege

12-21 mm. Metallischgrün glänzender Käfer. Ab Juni auf Eschen, Flieder und Liguster, deren Blätter er frisst. Scheidet bei Beunruhigung das Gift Cantharidin an den Kniegelenken aus. Larven in Nestern solitärer Bienen.

Kapuzinerkäfer

8-14 mm. Brust und Kopf unter dem Brustschild verborgen ▼. Lebt in Holzhaufen, Baumstümpfen und Ästen. Larven in alten Stümpfen und verrottendem Laub oder unter Rinde.

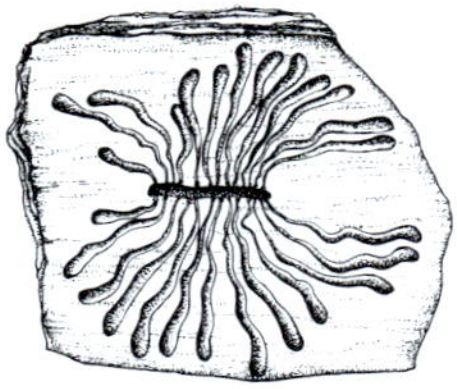

Großer Ulmensplintkäfer

3-6 mm. Braun oder schwarz mit braunen Flügeldecken. Schwarzer Brustpanzer mit Borsten. Lebt unter der Rinde von Ulmen und ist Überträger des Ulmensterbens. Kurzer einarmiger Muttergang mit unregelmäßigen Larvengängen.

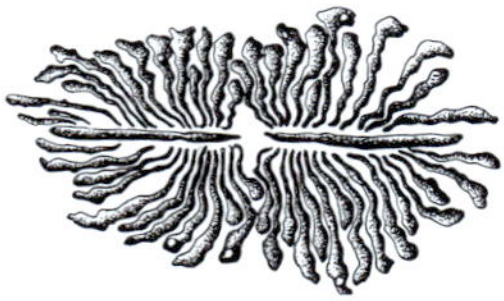

Buchdrucker

4-5,5 mm. Körper stark behaart. Braune Flügeldecken reichen nicht bis ans hintere Ende ▼. Großer schwarzer Brustpanzer, worunter auch der Kopf versteckt ist. Je zwei Weibchen legen zusammen einen Gang in entgegengesetzte Richtungen an. In Fichten.

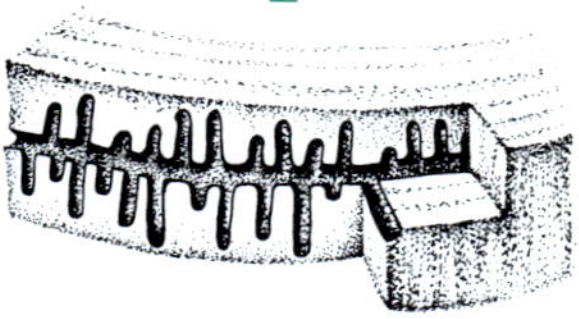

Nutzholzbohrer

2,8-3,8 mm. Auf den braunen Flügeldecken punktförmige Linie zu erkennen ▼. Das Weibchen frisst einen 1-3 cm langen Gang in Nadelhölzer. Befällt v. a. kranke oder gefallene Bäume.

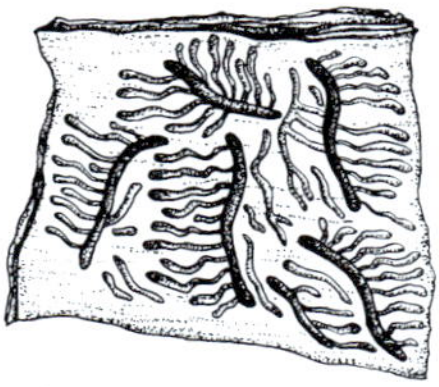

Kupferstecher

1,6-2,5 mm. Ähnlich wie Buchdrucker, nur rostrot bis schwarzbraun gefärbt. Weibchen legt sternförmige Gänge um Zentralkammer an, die Larven graben sich rechtwinklig davon weiter. In Fichten.

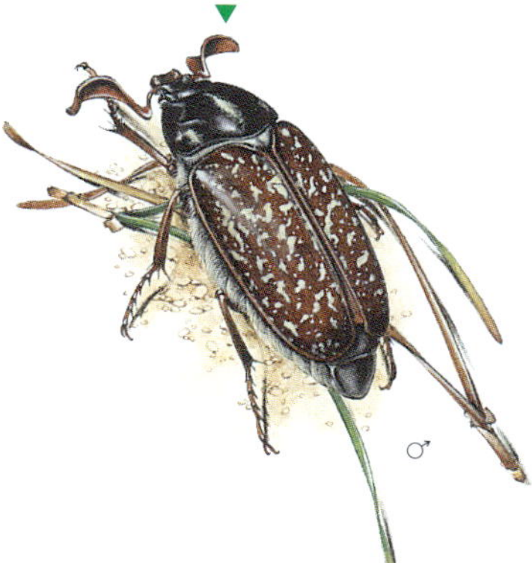

Walker

25-26 mm. Dunkelbraun-weiß-marmorierte Flügeldecken. Männchen mit Fühlern aus 7 Blättchen ▼ (Weibchen nur 5). Zirpt sehr laut und fliegt an und in Kiefernwäldern, auf Sandboden. Käfer fressen an Kiefernnadeln.

Maikäfer

20-29 mm. Brauner, behaarter Käfer mit befächerten Fühlern und abgespitztem Hinterende ▼. Frisst an verschiedenen Laubhölzern, Engerlinge an Pflanzenwurzeln. Nur bei Massenvermehrung schädlich.

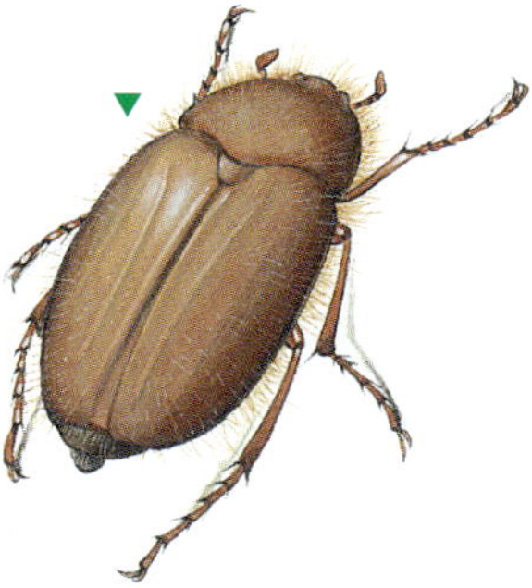

Junikäfer

14-18 mm. Hellbraun und stärker behaart ▼, kleiner als Maikäfer. Fliegt in der Dämmerung in Gärten, Gebüschen, Waldrändern, besonders an trockenen Orten. Larven mit zweijähriger Entwicklungszeit.

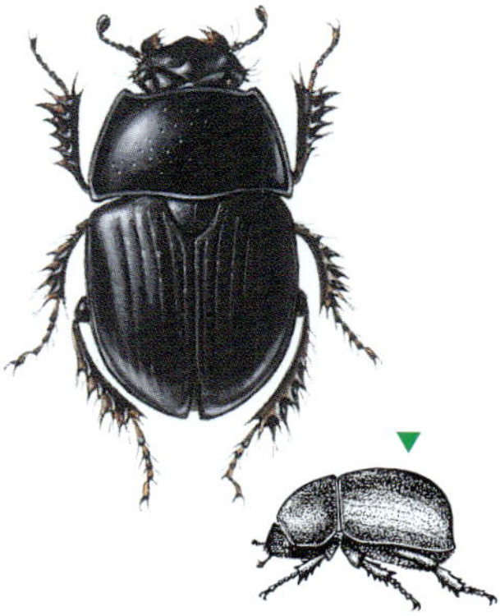

Mistkäfer

12-19 mm. Auffälliger schwarzer Käfer. Jede Flügeldecke mit 7 Streifen ▼. Unten metallisch blau oder grün. Oft mit Käfermilben besetzt, die sich von trockenem Dunghaufen zu feuchtem Mist bringen lassen.

Eichengallwespe

2-4 mm. Winzige Wespe; Weibchen legen Eier in Blattadern von Eichenblättern. Nach dem Ausschlüpfen wuchert das Pflanzengewebe um die Larve herum und bildet die kreisrunden, grün-roten Galläpfel ▼. Darin lebt die Larve.

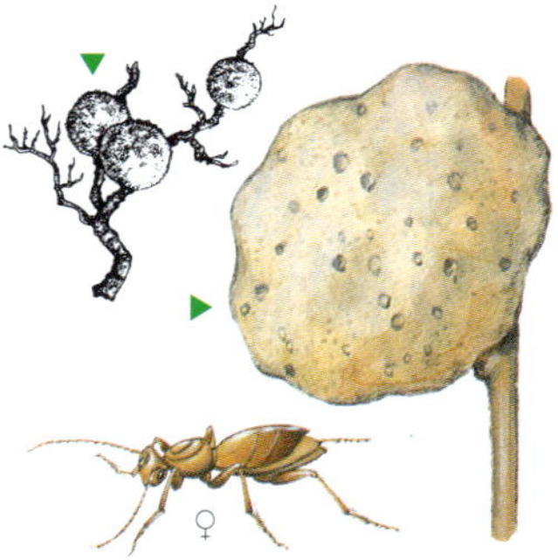

Schwammgallwespe

1,7-6 mm. Weibchen legt die Eier in Wurzeln, darin entstehen in Wuzelgallen ▼ nur Weibchen. Männliche und weibliche Tiere schlüpfen aus schwammigen „Eichenäpfel"-Gallen (4 cm) ▼.

Andricus kollari

1,7-6 mm. Familie der Gallenwespen. Kreisrunde, glatte Gallen an der Spitze oder Seite junger Eichenzweige (2-3 cm), erst grünlich, dann braun ▼ gefärbt.

Rosengallwespe

3,4-6,5 mm. Die Eier werden im Frühjahr in Wildrosenstängel gelegt, schwammartig-moosige Gallen entstehen bis Herbst. Vielkammrige Galle, innen verholzt, außen moosartig ▼, „Schlafäpfel" oder Rosenschwämme genannt.

Grüne Fichtengallenlaus

1,7-2 mm. Diese Blattlaus erzeugt zapfenartige Gallen ▼ an Fichtentrieben. Anfangs grün öffnen sie sich später und entlassen die Läuse. Dann verholzen sie braun.

Buchenzierblattlaus

1 mm. Hält sich auf Unterseite von Buchenblättern auf. Sie zeichnet sich durch dichte weiße Wachsfransen aus ▼.

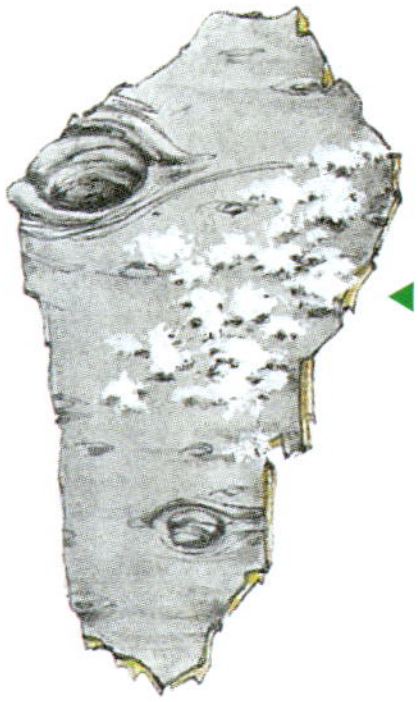

Buchenwolllaus

0,8-1 mm. Sehr verbreitet auf Buchenstämmen. Lebt in Kolonien und die weiße, wachsartige ▼ Oberfläche ist von weithin gut zu erkennen.

Haselnussschildlaus

5-6 mm. Lebt auf den Ästen und Zweigen des Haselnussstrauches. Die flügellosen Weibchen verbergen sich unter einem festen runden Schild ▼ und saugen mit ihrem Rüssel Pflanzensäfte.

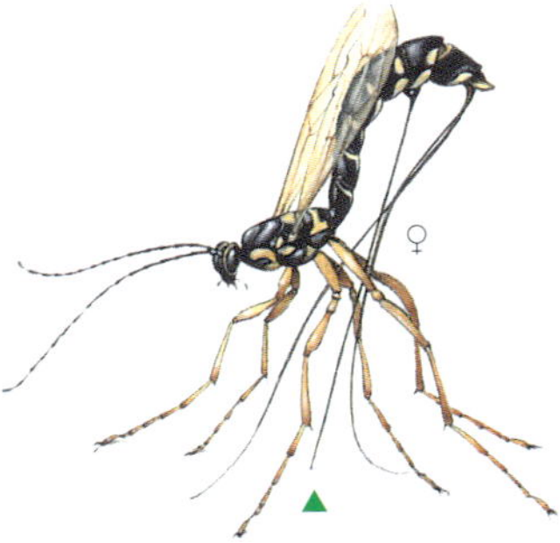

Holzschlupfwespe

48-70 mm. Große Schlupfwespe mit körperlangem Legebohrer ▼. Parasit an Holzwespen. Mit dem langen Bohrer findet das Weibchen Larven der Holzwespen auch tief im Holz, legt ihre Eier in Wirtslarven.

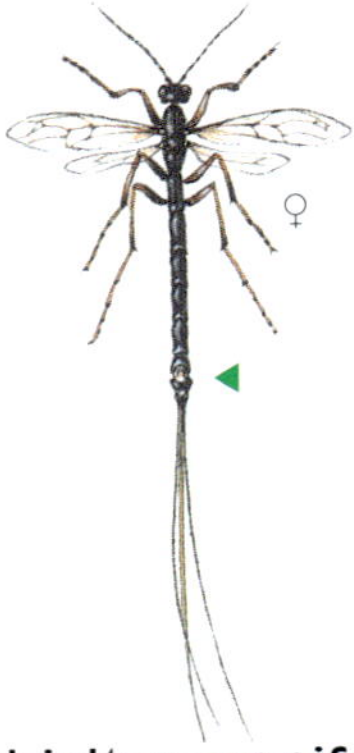

Ephialtes manifestator

18-47 mm. Eine Holzschlupfwespe mit sehr langem Legebohrer und unterschiedlicher Färbung. Beine weiß, verlängerte Hinterteilsegmente ▼. Legt ihre Eier in Holzwespen- oder Bockkäferlarven.

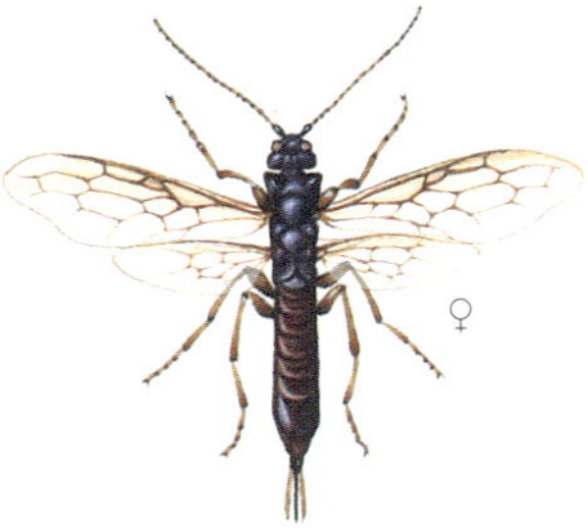

Gemeine Holzwespe

14-30 mm. Weibchen blaumetallisch mit kurzem Legebohrer. Männchen schwarzglänzend mit orange-rotem Hinterkörper. Tiere selten auf Baumstämmen zu sehen, in die Eier hineingelegt werden. Nadelbäume.

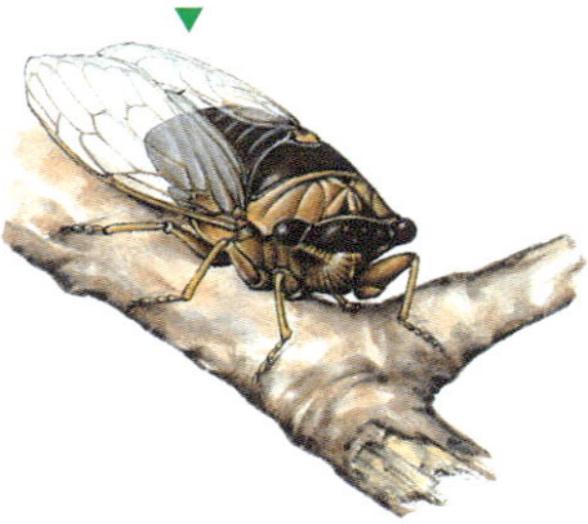

Singzikade

30-36 mm. Größte europäische Zikade, kommt nur im Mittelmeerraum vor. Gelbe Beine ▼. Männchen erzeugen schrille Töne mit ihren Schallmembranen an beiden Körperseiten. Sitzt vor allem auf Kiefern.

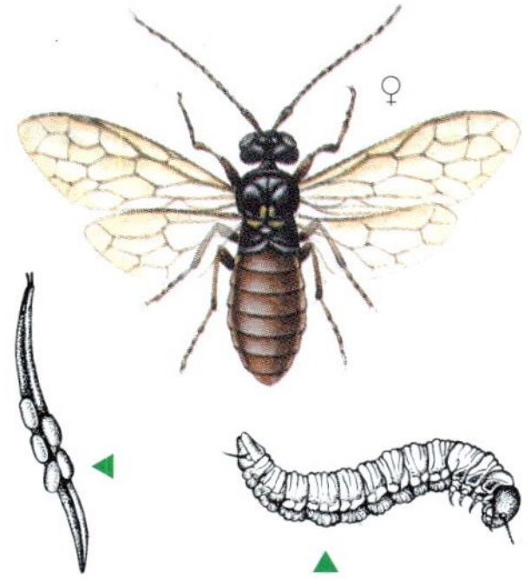

Fichtengespinstblattwespe

11-16 mm. Wespe. Weibchen größer als Männchen, mit gelber Zeichnung. Männchen ohne Zeichnung. Die Eier werden auf Fichtennadeln abgelegt ▼, von denen sich die Larven ▼ später ernähren.

Kiefernbuschhornblattwespe

7-10 mm. Männchen mit dunklem Körper und stark gefiederten Fühlern ▼. Weibchen mit schwarz-gelb gestreiftem Hinterleib, größer, und mit feinen Fühlern. Larven an Kiefernnadeln.

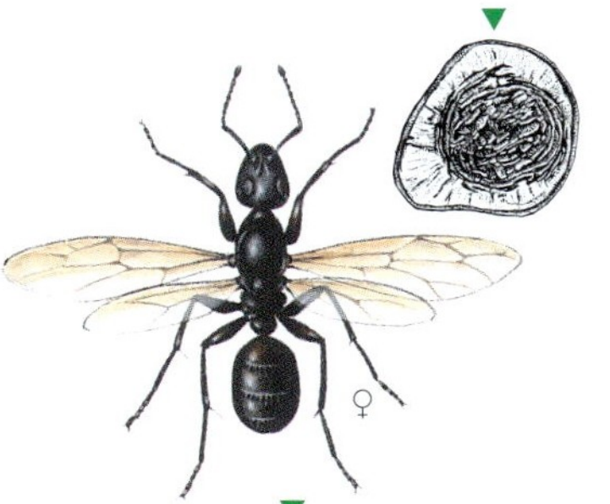

Riesenameise (Rossameise)

7-14 mm. Brust und vorderer Hinterkörper rötlich gefärbt. Weibchen größer. Arbeiterinnen kleiner und flügellos ▼. Legen Gänge und Bauten in Nadelbäumen an ▼. Löcher in Kiefernstämmen weisen auf sie hin.

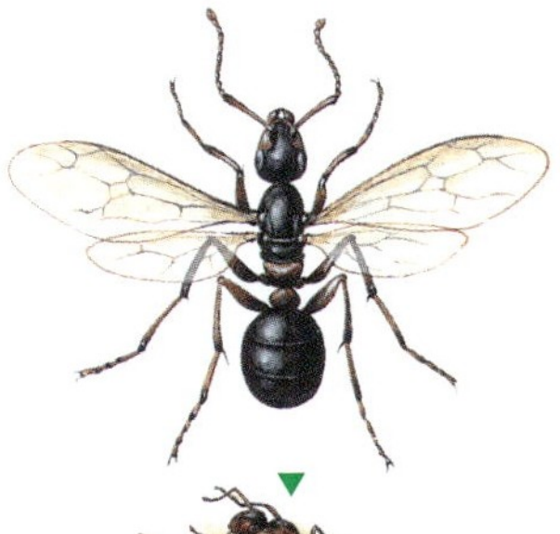

Rote Waldameise

6-11 mm. Arbeiterinnen flügellos ▼. Errichten aus Pflanzenteilen (Nadeln!) hohe Haufen, darin der Ameisenstaat mit mehreren Königinnen. Der Bau geht bis tief in den Boden. Allesfresser, sind als Schädlingsvertilger gesetzlich geschützt.

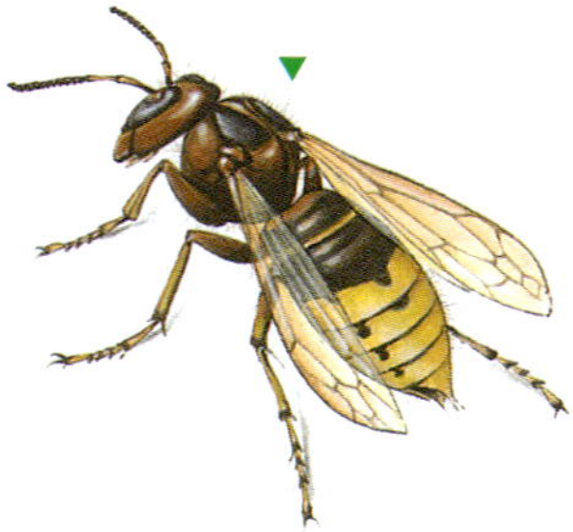

Hornisse

19-35 mm. Sehr große Wespe mit gelber Zeichnung auf dem Brustschild ▼. Bauen große Nester aus Papier in hohle Bäume, leere Spechthöhlen oder Höhlen. Ernährt sich von Insekten und Früchten. Geschützt und stark im Rückgang.

Waldwespe

11-18 mm. Wespenstaat baut runde kleine Nester aus Papier mit fester Hülle ▼ in Büschen .
Nur die Königinnen überwintern.

Große Birkenblattwespe

15-25 mm. Larven leben an Birken und verpuppen sich in tönnchenartigem Kokon an Zweigen. Die geschlüpften erwachsenen Tiere fliegen im Mai und Juni mit brummendem Ton.

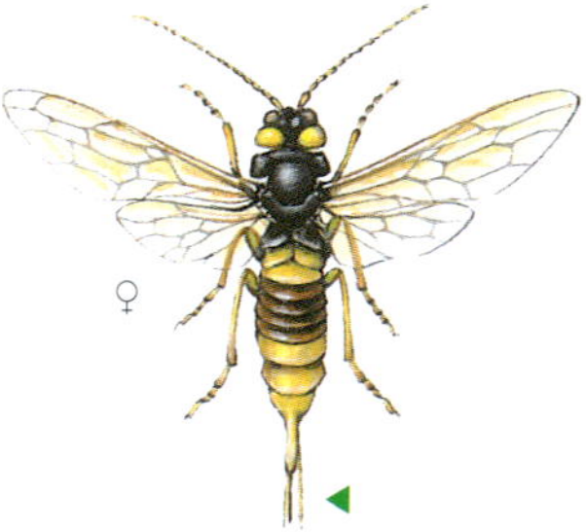

Riesenholzwespe

10-40 mm. Weibchen mit schwarzem Kopf mit 2 gelben Flecken, Legebohrer ▼. Fliegen im Sommer in Wäldern und an sonnigen Plätzen. Larve v. a. in Nadelhölzern.

Trauermantel

55-75 mm. Junge Falter mit hell- gelbem und blauem Flügelrand ▼. Leckt Pflanzensaft an Bäumen. Raupe auf Weiden, Birken, Pappeln.

Großer Schillerfalter

55-65 mm. Männchen mit purpur- farbenem Schimmer ▼, Weibchen ohne, mit größeren weißen Flecken. Besonders an Eichen, Raupe an Weiden.

Kaisermantel

55-65 mm. Orange-brauner Schmetter- ling mit dunklen Flecken, Männchen stärker gefärbt als Weibchen. Liebt Brombeerblüten. Larve schwarz und braun mit gelbem Strich und langen Dornen. Lebt auf Veilchen.

Weißer Waldportier

55-65 mm. Flügeloberseite dunkel- braun mit cremeweißem Band über beide Flügel ▼ bis zum Hinterrand. Vorderflügelunterseite mit nur einem Augenfleck. Offene Gehölze und an Gebüschen, Raupe braun mit hellen Seitenstreifen.

Kiefernspinner

25-36 mm. Färbung sehr variabel, von hell- bis dunkelbraun, grau. Flügelrand ungerade ▼. Fliegt im Sommer in trockenen Kiefernwäldern. Die Raupe ▼ frisst Kiefernnadeln und kann große Schäden anrichten.

Kleines Nachtpfauenauge

28-40 mm. Fliegt im Frühling in Buchenwäldern. Männchen mit gefiederten Fühlern ▼, Hinterflügel sind orange und braun ▼. Weibchen größer und tarnfarben. Fliegt ab April an Waldrändern.

Nonne

19-27 mm. Die Falter schlüpfen von Juni bis September. Weibchen leben sehr sesshaft auf der Rinde von Bäumen. Männchen kleiner, mit gefiederten Fühlern. Graue behaarte Raupe frisst an Eiche, Birke und Nadelhölzern.

Schwammspinner

18-36 mm. Weibchen hell weiß und fliegen nicht. Männchen beige bis hellbraun, fliegen tagsüber, mit gefiederten Fühlern ▼. Raupe an vielen Obstbäumen, schädlich, jedoch im Rückgang betroffen.

Grüner Eichenwickler

9-11 mm. Vorderflügel blassgrün. Flügel werden in Ruhe dachartig über den Körper gelegt. Auf Eichen. Raupen fressen an Knospen und eingerollten Blättern der Eichen. Im Sommer oft Kahlfraß.

Kiefernspanner

19-22 mm. Fliegt von April bis Juli. Männchen mit braunen und gelben Flügeln, oben dunkelbraun ▼. Lebt in Nadelwäldern. Raupe grün mit hellen Streifen, frisst Nadeln vieler Nadelbäume, vor allem Kiefer. Großer Schädling.

Kieferntriebwickler

17-22 mm. Fliegt im Juli. Vorderflügel braun-rot, Hinterflügel weiß gerandet. Raupen ernähren sich von Knospen und schädigen dabei die Triebe.

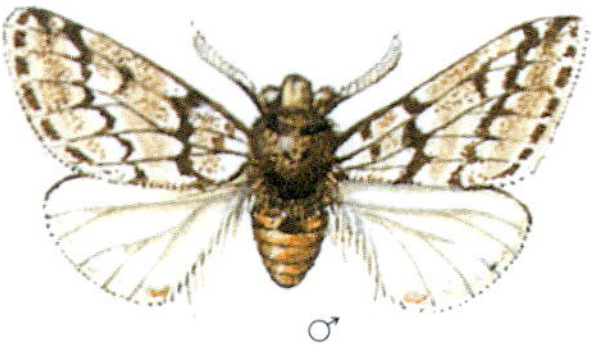

Pinien-Prozessionsspinner

17-19 mm. Raupen leben vom Frühjahr bis Herbst in großen Gespinsten zwischen den Zweigen. Wandern nachts immer einer hinter der anderen her zum Futter. Südliches Europa.

Rote Wegschnecke

10-15 cm. Färbung variabel von ziegelrot, braun bis schwarz ▼. Oft auf Wegen, oder an Pilzen, toten Tieren zu sehen, von denen sie sich ernährt. Vor allem im Frühjahr und nach Regen aktiv.

Regenwurm

9-14 cm. Körper kreisrund und durch die voneinander abgesetzten Segmente geringelt. Lebt im Boden und unter Laub. Wichtiger Humuserzeuger, sorgt für Durchmischung, Belüftung und Düngung des Bodens.

Schnurfüßler

17-40 mm. Glänzend dunkelbraun, Körper kreisrund ▼ mit 2 Beinpaaren pro Segment. Lebt in der Streuschicht oder unter Steinen. Rollt sich ein, wenn gestört.

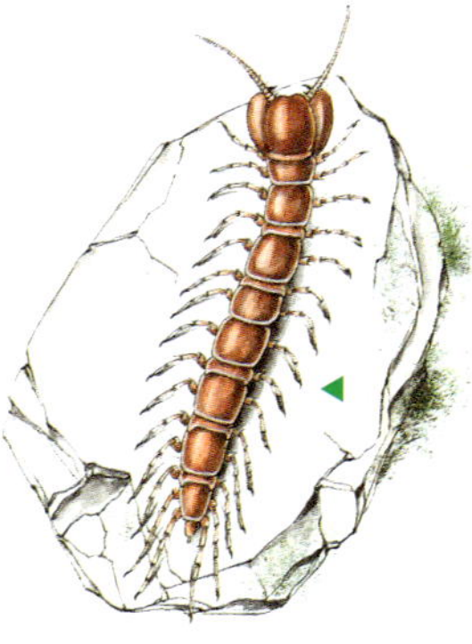

Steinläufer

25-30 mm. Bräunlicher „Hundertfüßler" mit abgeflachtem Körper und einem Beinpaar ▼ pro Segment. Versteckt sich unter Steinen, unter Rinde, im Laubstreu.

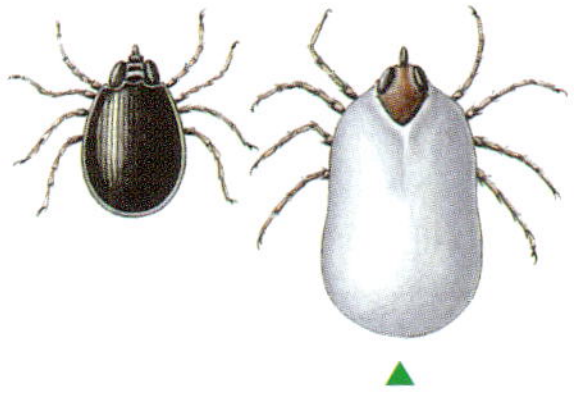

Zecke, Holzbock

2-4 mm. Sitzt auf niedriger Vegetation, etwa hohes Gras, niedrigen Zweigen. Weibchen saugt mit seinem Rüssel Blut von Säugetieren (auch Mensch), Hinterkörper schwillt dabei stark an ▼.

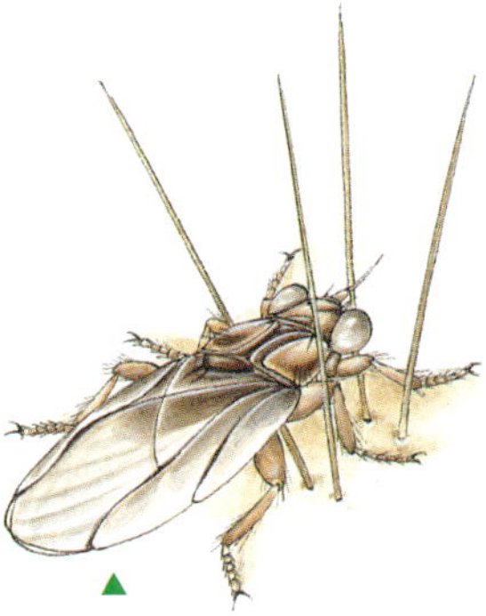

Hirschlaus

5-6 mm. Klein und flach, saugt Blut an Hirschen, Wildschweinen, Füchsen, Dachsen. Im Herbst lassen sich die Tiere von den Bäumen fallen. Flügel ▼ brechen bei Erreichen des Wirtes ab.

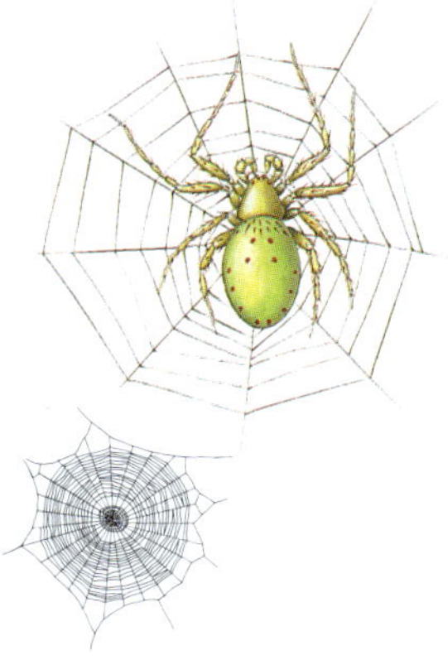

Kürbisspinne

2-3 mm. Häufige und eine der kleinsten Radnetzspinnen. Hinterleib gelb bis grün, unten mit leuchtendrotem Spitzenfleck, oberseits einige rote Flecken. Spinnt ihr Netz häufig an einem großen Blatt. Bäume und Büsche.

Saftkugler

8-13 mm. Runder, segmentierter Körper, glänzend schwarz. Kann sich bei Beunruhigung zu einer geschlossenen erbsengroßen Kugel zusammenrollen ▼. In feuchten Wäldern in der Bodenstreuschicht, unter Steinen.

Tanne, Weißtanne

40-60 m. Krone kegelförmig bis gerundet (Alter). Borke hellbraun bis silbergrau, stehende Zapfen ▼, die Schuppen mit den Samen fallen einzeln hinunter. Abgeflachte, weiche Nadeln, oberseits dunkelgrün, unterseits mit 2 weißen Streifen ▼.

Fichte

30-60 m. Kegelförmige Krone, rotbraune oder kupferfarbene Borke, die sich in Schuppen löst. Zapfen hängen ▼ am Baum und fallen als ganzes hinunter. Steife und stechende spitze Nadeln, wachsen um den ganzen Zweig herum ▼.

Eibe

10-20 m. Immergrün, oft mehrstämmig und bis zum Boden beastet. Die weichen dunkelgrünen Nadeln wachsen zweiseitig am Zweig ▼. Samen von leuchtendrotem beerenähnlichen Samenmantel umgeben ▼.

Wacholder

6 m als Strauch, 15 m als Baum, immergrün, meist mehrstämmig. Krone säulenförmig. Nadeln lanzettlich spitz, stechend, zu dritt in einem Wirtel angeordnet. Kugelige Beerenzapfen schwarzblau ▼. Männliche und weiblich Bäume.

Waldkiefer

40 m. Krone kegelförmig, sehr locker, unterer Teil des Stammes unbeastet. Borke tiefgefurcht, plattenartig, grau bis rotbraun. Nadeln mittellang und zu zweit ▼ aus der grauen Nadelscheide wachsend. Zapfen eiförmig.

Schwarzkiefer

50 m. Krone kegelförmig, im alter weit ausladend und abgeflacht. Borke grau bis schwarzbraun. Dunkelgrüne, steife Nadeln, in Paaren aus Nadelscheide wachsend ▼. Nur in Südeuropa.

Aleppokiefer

20 m. Fast runde Krone, Rinde glatt, Krone später schirmförmig. Schmale Nadeln, 5-15 cm lang, weich und biegsam, paarweise wachsend ▼. Zapfen bleiben am Baum. Nur im Mittelmeergebiet.

Strandkiefer

40 m. Kegelförmige Krone, Borke rotbraun. Sehr lange stechende Nadeln: 10-25 cm lang, paarweise ▼. Sehr große Zapfen ▼. Wächst nur im Mittelmeergebiet.

Lärche

Bis 40 m. Sommergrüner Nadelbaum mit kegelförmiger Krone. Stamm mit dicker, tiefgefurchter, grau- bis rotbrauner Schuppenborke. Nadeln abgeflacht und weich ▼, auf Kurztrieben rosettig angeordnet. Zapfen aufrecht stehend, eiförmig ▼.

Roter Hartriegel

1,5-5 m. Reichverzweigter Strauch mit ausladender Krone. Zweige können rot gefärbt ▼ sein. Gegenständige Blätter, auf Adern behaart. Weiße Blüten; kugelige, schwarzblaue Steinfrucht ▼ ab September. In Auenwäldern, Buchenwäldern.

Eingriffeliger Weißdorn

5 m. Sommergrüner Strauch oder kleiner Baum mit vielen Dornen. Blätter fiederspaltig eingeschnitten. Weiße Blüten ▼ im Juni, leuchtend dunkelrote Steinfrucht im August bis September.

Traubenholunder

1,5-4 m. Sommergrüner, wenig verzweigter Strauch ▼ mit unpaarig gefiederten Blättern (meist 5 lanzettliche Fiederblätter). Blüten weiß, unscheinbar; leuchtendrote kugelige Steinfrüchte ▼.

Bergulme

25-40 m. Rundliche Krone. Blätter kurz gestielt, Blattrand doppelt gesägt. Blattspreite verkehrt eiförmig mit 3 Spitzen. Spreitengrund asymmetrisch ▼, oberseits rau. Blüten unscheinbar, Frucht ringsherum dünn geflügelt ▼, breit eiförmig.

Esskastanie

10-30 m. Baum mit starken Ästen und längsrissiger graubrauner Borke. Blätter länglich-lanzettlich, oberseits kahl, dunkelgrün glänzend, stark einfach gezähnt. Frucht eine glatte Nuss ▼, mit stacheligem Fruchtbecher ▼.

Feldulme

20-35 m. Baum mit gerundeter Krone. Rinde graubraun. Blätter eiförmig bis elliptisch, Spreitengrund asymmetrisch, oberseits dunkelgrün, unterseits mit kleinen Achselbärten. Einfach bis doppelt gesägt ▼. Frucht ringsum geflügelt ▼.

Hainbuche

Bis 25 m. Reichverzweigter Baum mit weit ausladender Krone. Borke glatt mit Netzmuster. Blätter eiförmig, zugespitzt ▼, auf Adern beidseitig auffällig und unterseits behaart. Blüten unscheinbar. Nussfrüchte mit Blättern ▼.

Buche

30-40 m. Baum mit breiter Krone und glatter, silbergrauer Borke. Blätter elliptisch, unterseits an Adern behaart, oberseits glänzend, Blattrand wellig-buchtig, rote Herbstfärbung. Blüten unscheinbar, April bis Mai. Früchte kantig-eiförmig ▼, Sept. bis Okt.

Grauerle

7-20 m. Mehrstämmiger Baum mit weißgrauem Stamm, olivgrüne Zweige. Blätter elliptisch bis eiförmig, unterseits blaugrau, oberseits kahl und dunkelgrün. Kleine eiförmige zapfenartige Früchte ▼ von September bis Oktober. Gewässerbegleitend.

Schwarzerle

20-35 m. Meist einstämmiger Baum mit dunkelgrauer bis schwarzer Borke. Blätter verkehrt eiförmig bis rundlich, am Oberende gestutzt ▼. Bleiben grün, wenn sie herunterfallen. Kleine ovale Zapfen ▼, Sept. bis Okt. Auf staunassen Böden, auch Kies.

Weißliche Zistrose

40 cm - 1 m. Reich verzweigter, filzig behaarter Strauch. Elliptische Blätter, rosafarbene Blüten ▼, wildrosenähnlich. Wächst auf kalkhaltigem Boden, im westlichen Mittelmeergebiet.

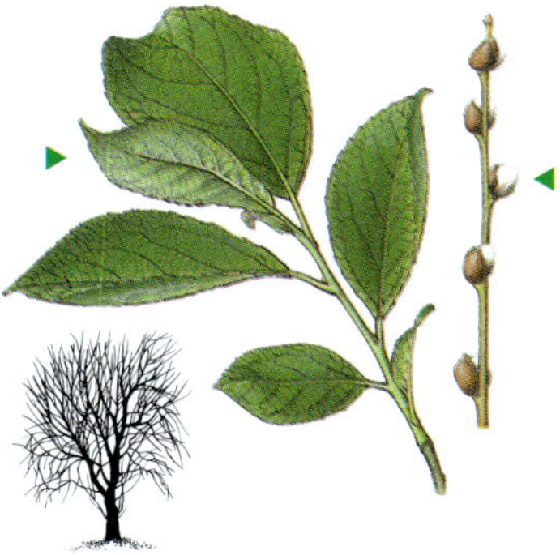

Salweide

18 m. Baum oder Strauch mit grauer bis schwarzbrauner Borke. Blätter länglich-elliptisch, oberseits dunkelgrün, unterseits filzig behaart ▼. Blüten unscheinbar, Kätzchen ▼. Wächst auch dauerfeuchten, nährstoffreichen Böden, Waldränder.

Knackweide

25 m. Baum mit weiter Krone, kann leicht mit Silber-Weide verwechselt werden. Braune Zweige, länglich-schmale Blätter ▼. Blüte Mai bis Juni. Wächst vor allem im Gebirge, auf feuchtnassen Böden.

Lorbeerweide

6-12 m. Kleiner Baum mit hellen jungen Zweigen, junge Blätter besitzen Klebdrüsen am Stil ▼. Eher späte Blüte ▼ Mai bis Juni. Wächst in Erlenbrüchen, Weichholzauen. Subalpin. Selten.

Silberweide

30 m. Baum mit breiter Krone und überhängenden Zweigen, gelbbraun. Blätter schmal-lanzettlich, unterseits graublau, silbrig behaart ▼. Blattrand fein gesägt. Blüten gelblich unscheinbar, April bis Mai.

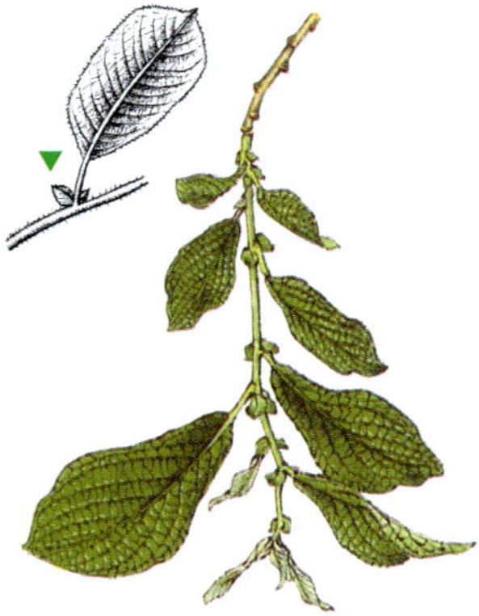

Ohrweide

3 m. Reichverzweigter Strauch. Blätter verkehrt eiförmig, Spitze meist gedreht, oberseits dunkelgrün, unterseits weißlich bis blaugrün, mit erhabenen Adern. Nierenförmige Nebenblätter am Stilansatz (Name) ▼. Wächst auf nährstoffreichen, feuchten Böden.

Silberpappel

20-40 m. Hoher breitkroniger Baum mit dicker dunkelgrauer Borke. Längsgefurcht bei älteren Bäumen. Blätter rundlich bis eiförmig, oberseits dunkelgrün, unterseits dicht weißfilzig (Name) ▼. Steht an feuchten Stellen, an Gewässern, Auen.

Schwarzpappel

25-40 m. Baum mit lockerer weitausladender Krone, oder schmal pyramidenförmig ▼. Blätter dreieckig, zugespitzt ▼, mit langem Stil ▼, oberseits dunkelgrün, unterseits graugrün, Blattrand gesägt. Sandböden, Auenwälder.

Zitterpappel

15-35 m. Breitkroniger Baum mit dicker schwarzgrauer Borke. Blätter an langen Stilen ▼, rundlich, oberseits dunkelgrün, unterseits graugrün. Blattrand grob buchtig gezähnt. Wächst auf nährstoffreichen Böden, in lichten Wäldern.

Winterlinde

30 m. Baum mit dichter, runder Krone und dicht gerippter schwarzgrauer Borke. Blätter lang gestielt und herzförmig, zugespitzt; unterseits graugrün, auf den Adern behaart ▼. Blüten gelblich, Stiel mit blattförmigem Hochblatt verwachsen ▼.

Sommerlinde

20-40 m. Baum mit dichter und breiter Krone und grau- schwarzbrauner Borke. Blätter schief herzförmig, flaumig behaart ▼, oberseits stumpfgrün, unterseits graugrün. Größer als die der Winter-Linde. Blütenstand 2- bis 5-blütig ▼.

Moorbirke

15-20 m. Ähnlich wie Hänge-Birke, aber weiße Rinde meist glatt und wird am Stammgrund bei älteren Bäumen schwarz. Blätter rautenförmig, zugespitzt. Junge Blätter meist weichhaarig ▼. Wächst in Moor- und Bruchwäldern.

Hängebirke

20-25 m. Baum mit rissiger, wulstiger, schwärzlicher Borke mit einigen weißen Flecken, oberer Stammteil glatt. Zweige hängend. Blätter dreieckig-rautenförmig, deutlich zugespitzt ▼. Wälder, Moore.

Rote Heckenkirsche

Bis 2 m. Reichverzweigter Strauch mit gegenständigen Blättern, schwach behaart, eiförmig bis elliptisch, gerundet oder zugespitzt ▼. Blüten weiß, paarweise angeordnet ▼. Füchte: kugelige rote Beeren, für Menschen giftig!

Schwarze Heckenkirsche

Bis 2 m. Ähnlich wie rote Heckenkirsche, aber Blütenstiel dreimal so lang wie die blassrosa Blüte ▼. Schwarze Beeren ▼. Blattunterseite blaugrünlich ▼. Wächst hauptsächlich in Bergmischwäldern, Gebüschen.

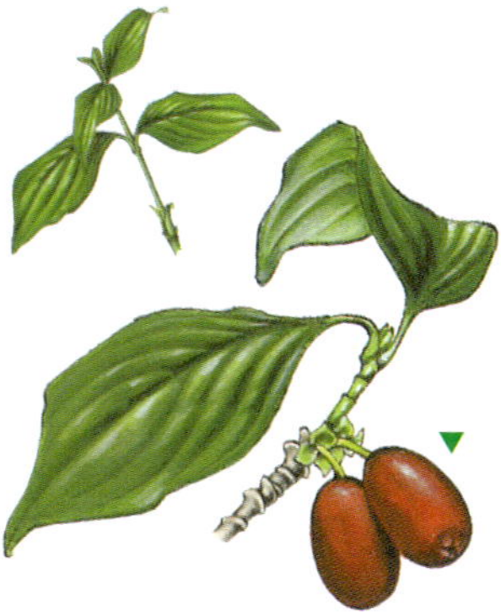

Kornelkirsche

2-8 m. Strauch oder kleiner Baum, Zweige überhängend. Blätter eiförmig bis elliptisch, zugespitzt mit deutlicher Aderung. Blüten lange vor Laub blühend. Früchte leuchtendrot, elliptisch ▼, August bis September.

Erdbeerbaum

1-10 m. Immergrüner Strauch oder niedriger Baum mit braunroter, feinrissiger Borke. Blätter glänzend, Früchte erdbeerähnliche Beeren mit warziger Oberfläche ▼. Wächst nur im Mittelmeergebiet.

Schlehe

1-6 m. Sparriger und dicht verzweigter Strauch. Seitliche Zweige enden meist in Dornen. Blätter klein, verkehrt eiförmig. Blüten weiß, lange vor Laubaustrieb im März bis April ▼. Früchte kugelig, fast schwarz ▼. An vollbesonnten Plätzen.

Traubenkirsche

10-15 m. Strauch mit überhängenden Zweigen. Borke dunkelbraun. Blätter länglich-elliptisch. Blüten in überhängenden Trauben, weiß ▼, Mai bis Juni. Kugelige glänzend schwarzrote Kirschen, Juli bis August. Auf feuchtem Boden.

Purgierkreuzdorn

2-8 m. Sparrig verzweigter, dorniger Strauch. Blätter eiförmig, kurz zugespitzt, fein gesägt ▼. Blüten gelblich an kurzen Stilen, Mai bis Juni. Früchte kugelig, schwarzviolett ▼, September bis Oktober.

Faulbaum

1-5 m. Strauch oder Baum mit graubrauner, längsrissiger Borke. Blätter breiteiförmig bis elliptisch. Beidseitig entlang der Adern behaart ▼. Unscheinbare Blüten, Früchte rot bis schwarz ▼, Juli bis Oktober. Auf staunassen Böden.

Berberitze, Sauerdorn

1-6 m. Bedornter, reichverzweigter Strauch. Teil der Triebe als dreiteiligen Dornen. Blüten gelb, kugelig ▼, von April bis Juni. Früchte rot ▼, länglich-oval, August bis September, bleiben bis zum Winter am Strauch. Waldränder.

Pfaffenhütchen

1-6 m. Reichverzweigter aufrechter Strauch oder kleiner Baum. Blätter länglich-lanzettlich, zugespitzt, fein gesägt. Blüten unscheinbar weiß-grün, Mai bis Juni. Früchte leuchtend rosa Kapsel mit orangenem Samenmantel ▼, August bis Oktober.

Haselnuss

2-7 m. Vielstämmiger Strauch mit graubrauner Rinde. Blätter rundlich, zugespitzt, beidseitig behaart, am Grund eingekerbt ▼. Blüte lange vor Laubaustritt, weibliche Blüten mit roten fädigen Narben ▼. Frucht: Haselnuss ▼, August bis September.

Wolliger Schneeball

1-4 m. Reich verzweigter Strauch. Blätter rundlich, breit-eiförmig, oberseits runzelig, schwach behaart, filzige Unterseite ▼. Blüten in Schirmrispen, weiß, Mai bis Juni. Früchte rot bis schwarz (reif) ▼. Waldsäume.

Seidelbast

50-120 cm. Wenig verzweigter Strauch. Blätter länglich-lanzettlich, kurz gestielt. Rosa Blüten vor den Blättern erscheinend ▼, meist zu dritt, Februar bis April. Früchte rot, direkt am Zweig sitzend. Giftig! In lichten Wäldern, auf Kalkböden.

Besenginster

1-3 m. Aufrechter oder bogig aufsteigender Strauch, reich verzweigt. Blätter klein, kleeblattähnlich. Gelbe Schmetterlingsblüten ▼, Mai bis Juni. Frucht schwarze Hülsen ▼, August bis September. Waldsäume.

Heidelbeere

20-60 cm. Zwergstrauch mit kantigen grünen Zweigen. Blätter eiförmig, spitz, fein gesägt. Kugelige, rosafarbene Blüten ▼, April bis Juni. Früchte kugelig, blau-schwarz ▼. Bodensaure Wälder.

Preiselbeere

20 cm. Wintergrüner Zwergstrauch mit kleinen ledrigen eiförmigen Blättern, am Rand umgerollt ▼. Blüten rosa, in zierlichen Trauben ▼, Mai bis August. Früchte rot ▼, kugelig. Nadelwälder, oft im Gebirge.

Spitzahorn

20-30 m. Blätter mit 5 spitzen Lappen▼. Gelblich-grüne Blüten unscheinbar, mit den Blättern erscheinend, Mai. Nussfrüchte mit 2 Flügeln ▼, Sept. bis Okt. Mischwäldern, Waldrändern.

Bergahorn

20-40 m. Baum mit dichter Krone, kurzer Stamm mit dicken Ästen. Blätter 5-lappig ▼, grau behaart, tief eingeschnitten. Blüten in Trauben, gelblich-grün. Zweiflügelige Nussfrucht ▼, September bis Oktober.

Feldahorn

12-15 m. Baum mit rundlicher Krone, Borke fast rechteckig gefeldert. Blätter mit 3 bis 5 Lappen ▼, weit eingeschnitten, rundlich eingekerbt ▼. Grüngelbe, unscheinbare Blüten. Nussfrucht zweiflügelig, Sept. bis Okt.

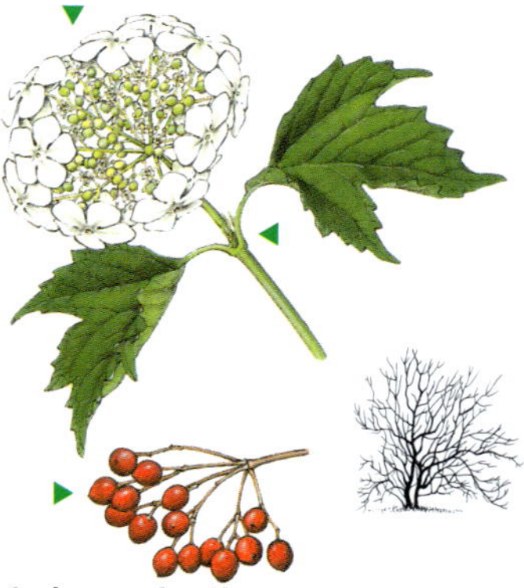

Schneeball

2-4 m. Hoher reichverzweigter Strauch. Blätter 3- bis 5-lappig, Stil mit Nektardrüsen ▼. Blüten in Schirmrispen, weiß ▼, Mai bis Juni. Frucht rot, kugelig ▼. Für Menschen ungenießbar. In Gebüschen.

Stieleiche

25-40 m. Kurzstämmiger Baum mit starken Ästen. Blätter mit rundlichen Buchten, am Grund mit „Öhrchen" ▼. Blüten unscheinbar. Eicheln vom Fruchtbecher umhüllt, an langen Stielen sitzend (Name) ▼. Auf feuchten Böden.

Traubeneiche

20-45 m. Breitkroniger Baum mit hohem Stamm. Blätter mit engen Buchten ▼. Eicheln eiförmig ▼, mit kurzem Fruchtbecher. Verträgt Wärme und Trockenheit.

Flaumeiche

10-25 m. Breitkroniger Baum, der Trauben-Eiche ähnlich. Blätter unterseits graufilzig, oberseits kahl, buchtig gelappt. Früchte länglich, zu zweit am Stiel ▼. Nur am Mittelmeer, dort in Wäldern.

Steineiche

5-20 m. Immergrüner Baum mit glänzendem, gellgrauem Stamm. Blätter ledrig, sehr unterschiedliche Form, aber meistens länglich ohne Lappen, glattrandig▼ oder oft gezähnt. Fruchtbecher umhüllt fast die ganze Eichel ▼. Nur am Mittelmeer.

Robinie

10-25 m. Blätter gefiedert in kleine ovale Blättchen ▼. Borke dick, längsrissig, rief gefurcht, grau- bis dunkelbraun. Zweige junger Bäume mit Dornen. Weiße Blüten ▼ wohlriechend, Mai bis Juni.

Himbeere

1-2 m. Alle Zweige dicht mit kleinen Stacheln bekleidet und drüsig-filzig behaart. Blätter mit 3-5 Fiedern, eiförmig bis lanzettlich. Oberseits dunkelgrün, unterseits weißfilzig ▼. Saftige rote Frucht ▼.

Brombeere

1-2 m. Zweige mit kleinen Stacheln übersäht. Blätter 3-5fiedrig, an den Adern und am Blattgrund leicht behaart ▼. Überdauerndes Rankgehölz mit bogig überhängenden Sprossen. Reife Früchte schwarz ▼.

Hundsrose

1-5 m. Zweige sehr stark bedornt. Blätter aus 5-7 Fiederblättern. Rosafarbene Blüten ▼, Juni. Früchte sind rote eiförmig-längliche Hagebutten ▼, im September bis Oktober.

Esche

20-30 m. Baum mit kugeliger lockerer Krone und breit gerippter, grauer Borke. Knospen schwarz ▼. Blätter 7-15fiedrig. Blüten in seitenständigen Rispen, vor dem Laubaustrieb blühend, unscheinbar, Mai. Nussfrüchte geflügelt.

Blumenesche

6-15 m. Baum mit glatter Rinde, ähnlich der gewöhnlichen Esche, aber mit ansehnlichen weißen Blütenständen. Knospen grau oder braun ▼. Blätter 5-9fiedrig. Frucht geflügelt ▼.

Schwarzer Holunder

2-10 m. Baum mit weißem Mark. Blätter unpaarig mit 5-7 Fiederblättern. Weiße schirmdoldige Blüten ▼, Juni. Schwarze Beeren ▼, roh ungenießbar, August bis September.

Johannisbrotbaum

7-10 m. Immergrüner Baum oder Strauch mit dichtbelaubten Ästen. Blätter mit 6-10 paarig angeordneten Fiederblättern. Früchte sind lange 10-30 cm lange Hülsen ▼. Blüht im August und wächst nur im Mittelmeergebiet.

Eberesche/Vogelbeerbaum

10-20 m. Baum oder mehrstämmiger Strauch mit lockerer Krone und schwarzgrauer Rinde. Blätter gezähnt und mit 9-15 unpaarigen Fiederblättern ▼. Weiße Blüten in filzig behaarten Schirmrispen, rote beerenförmige Früchte ▼.

Elsbeere

10-20 m. Baum mit lichter Krone und kleinschuppiger dunkel- bis graubrauner Borke. Blätter dreieckig, beiderseits 3-4mal tief eingeschnitten ▼. Weiße Blüten in Schirmrispen, Mai. Früchte eiförmig, braun ▼, Oktober.

Mehlbeere

3-20 m. Baum mit dichter ebenmäßiger Krone und längsrissiger Borke. Blätter breit-elliptisch, Blattrand unregelmäßig gezähnt. Weiße Blüten stehen in Schirmrispen, Mai bis Juni. Früchte rundlich, orange ▼. Trockene Böden.

Zweigriffeliger Weißdorn

2-6 m. Strauch mit sehr spitzen Stacheln. Blätter schwach gelappt ▼. Weiße Blüten wohlriechend, Mai bis Juni. Rote Früchte mit 2-3 Steinkernen ▼. (vgl. Eingriffeliger Weißdorn, S. 56)

Waldmeister

10-30 cm. Ausdauernd, mit Rhizom. Stängel vierkantig. Lanzettliche Blätter zu 6-9 in Wirteln angeordnet ▼. Blüte klein, weiß, am Ende des Stängels ▼, Mai bis Juni. Welkende Pflanzen duften charakteristisch. Vor allem Laub und Mischwälder.

Maiglöckchen

10-30 cm. Ausdauernd, Rhizom. Zwei längliche Blätter, Blüten glockenförmig, weiß ▼, duften angenehm, Mai bis Juni. Rote Früchte ungenießbar ▼. Lockere warme Böden, oft in dichten Beständen.

Vielblütige Weißwurz

20-60 cm. Runder Stängel mit weißen Trauben- oder Einzelblüten in den Blattachseln ▼, Mai bis Juni. Blätter gegenüberstehend, breit-lanzettlich. Laubmisch- und Buchenwälder, lockere Böden.

Bärlauch

15-50 cm. Ausdauernd, mit Zwiebel. Maiglöckchenähnlich mit zwei länglichen Blättern, die beim Zerreiben nach Knoblauch riechen. Weiße Blüten ▼ an langem Stiel, April bis Juni. Laubmischwälder, Buchen- und Auenwälder, feuchte Böden.

Zweiblättrige Schattenblume

10-20 cm. Am Stängel 2 oder 3 herzförmige Blätter mit auffälligen Adern ▼, zugespitzt. Blüten in rispiger Traube, April bis Juni.

Schneeglöckchen

15-25 cm. Ausdauernd, mit Zwiebel. Zwei schmale Blätter. Weiße, glockenartige Blüte mit drei kleineren inneren und drei größeren äußeren Blütenblättern ▼, Februar bis März. Laubmischwälder, Auwälder, feuchte Böden.

Frühlings-Knotenblume

15-40 cm. Ausdauernd, mit Zwiebel. 3 bis 4 schmale Blätter, glockenförmige Blüte an langem Stängel, weiß mit grünen Tupfen an Blütenblatträndern ▼, Februar bis April. Feuchte Wälder, Gebüsche.

Europäischer Siebenstern

10-20 cm. Ausdauernd. Blütenblätter an gleicher Höhe des Stängels angeordnet, langer Blütenstil mit einzelner weißer Blüte ▼, Mai bis Juni. Feuchte Nadelforste, Flachmoore. Sehr selten.

Buschwindröschen

10-25 cm. Ausdauernd, mit Rhizom. Einzelne weiße Blüte am Stängelende, März bis April. 2 Blätter, stark gefurcht ▼. Blüten schließen sich bei ungünstiger Witterung. Häufig.

Waldmelisse

20-60 cm. Ausdauernd, weichbehaart. Blätter spitz eiförmig, grob gekerbt ▼. Blüten zu 1-3 in Achseln der oberen Blätter, rosa oder weiß mit rotvioletten Flecken auf der Unterlippe ▼, Mai bis Juli. Lichte, warme Wälder. Selten.

Echte Sternmiere

15-60 cm. Ausdauernd, mit Rhizom. Stängel vierkantig, mit lineal-schmalen, gegenständigen Blättern ▼. Blüten an gabelästiger Trugdolde, weiß, Blütenblätter gespalten ▼, April bis Mai. Häufig.

Knoblauchsrauke

20-100 cm. Zweijährige Pflanze, riecht beim Zerreiben nach Knoblauch. Blätter herzförmig, buchtig gezähnt ▼. Blüten klein, weiß ▼, Mai bis Juni. Waldränder, feuchte Wälder. Häufig.

Rundblättriges Wintergrün

10-40 cm. Ausdauernd. Blüten in Traube, weiß-rosa ▼, nicken, Juni bis Juli. Blätter fast rund ▼, immergrün, ledrig, fein eingekerbt. Misch- und Nadelwälder, feuchte Böden. Selten.

Waldsanikel

15-50 cm. Ausdauernd. Blätter mit langen Stielen am Stängel, tief eingeschnitten ▼. Blüten in köpfchenartigen Dolden, weiß oder rosa ▼, Mai bis Juni. Häufig.

Walderdbeere

15-30 cm. Ausdauernd. Dreilappige Blätter, gezähnt ▼, auf langen Stielen. Weiße Blüten mit 5 Blütenblättern, Mai bis Juni. Frucht rot und saftig ▼. Etwas feuchte Böden. Häufig.

Waldsauerklee

5-15 cm. Ausdauernd. Dreilappige Blätter an langen Stielen, einzelne Lappen herzförmig ▼. Blüten weiß, am langen Stiel ▼, April bis Mai. Wälder, schattenliebend.

Gelbes Windröschen

10-30 cm. Ausdauernd. Aus einem Hochblattquirl entspringen 1 oder 2 gelbe Blüten ▼, März bis April. Blätter handförmig geteilt (dreiteilig) ▼, Stängel sonst blattlos. Auwälder, feuchte Laubwälder. Selten.

Echtes Springkraut

20-100 cm. Einjährig. Blüten hängend, groß, goldgelb, innen rot punktiert ▼ und mit gekrümmtem Sporn, Juli bis August. Blätter oval und gezähnt. Stängel glasig, reife Früchte schleudern Samen aus. Auwälder, feuchte Mischwälder. Häufig.

Wiesenprimel

10-30 cm. Ausdauernd. Ovale Blätter, gekerbt, runzelig. Blüte goldgelb, orange getupft, Blütenkrone glockig ▼, März bis April. Trockene Laub- und Mischwälder, wärmeliebend. Häufig.

Knotenbeinwell

20-60 cm. Ausdauernd, mit Rhizom ▼. Ovale Blätter, direkt am Stängel aufsitzend ▼. Blüten blassgelb, glockenförmig ▼, April bis Mai. Krautreiche Laubwälder, Auenwälder. Selten.

Goldtaubnessel

20-60 cm. Ausdauernd. Pflanze brennesselartig, ohne Brennhaare. Blätter kreuzgegenständig ▼, eiförmig-herzförmig, gekerbt. Blüten zu sechst in Blattachseln ▼, Unterlippe mit braunen Flecken, Mai bis Juni. Laub- und Mischwälder, feuchte Böden. Häufig.

Großblütiger Fingerhut

30-120 cm. Ausdauernd. Stängel behaart, aufrecht, Blätter länglich, bewimpert, gesägt. Blüten in einseitiger Traube angeordnet, schwefelgelb, bauchig glockig, innen braun gefärbt ▼, Juni bis Juli. Lichtungen, steinige Böden. Selten.

Haingreiskraut

40-180 cm. Ausdauernd. Blätter fein gesägt, unterseits behaart. Gelbe Blüten zu 8-10 in doldenartiger Rispe ▼, Juli bis September. Bergmischwälder.

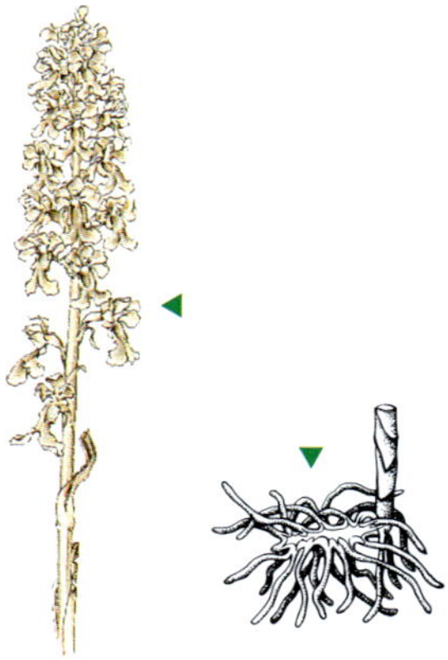

Bräunliche Nestwurz

15-60 cm. Ausdauernd. Ganze Pflanze braun, mit nestartig verflochtenen Wurzeln (Name) ▼. Nutzt organische Stoffe im Humus, kein Schmarotzer. Blüten sitzen direkt am Stängel auf ▼, Mai bis Juni.

Waldhabichtskraut

30-60 cm. Blätter länglich-oval, rauhaarig, gezähnt, entspringen Bodenrosette. Blüten in rispig angeordneten Dolden ▼, Mai bis Oktober. Wälder, steinige Böden. Häufig.

Hainwachtelweizen

10-45 cm. Vierkantiger Stängel, behaart. Blätter lanzettlich, spitz, obere Blätter herzförmig und blauviolett ▼, behaart und gesägt. Blütenstand zu einer Seite wendend, Blüten goldgelb, später orange und rotbrauner Kronröhre, Juni bis September. Selten.

Zarter Mauerlattich

30-90 cm. Ausdauernd. Gestielte Blätter grob eingebuchtet ▼, oft rot überlaufen. Blüten blassgelb, verästelt ▼, Juli bis September. Wälder mit lockeren Böden. Häufig.

Tüpfeljohanniskraut

25-100 cm. Stängel aufrecht mit zwei erhabenen Leisten, Blätter ovalrundlich, durchsichtig gepunktet ▼. Gelbe Blüten, Juni bis Oktober. Wälder, vor allem lichte Stellen. Sehr häufig.

Gefleckte Taubnessel

20-75 cm. Pflanze brennesselartig, ohne Brennhaare. Blätter kreuzgegenständig, eiförmig-herzförmig, oft hell gefleckt ▼. Blüten in Blattachseln, rosa, Unterlippe weiß gefleckt ▼, März bis Oktober. Wälder mit feuchten Boden.

Türkenbundlilie

40-150 cm. Ausdauernd, mit Zwiebel. Lanzettliche Blätter, stehen in Quirlen. Blüten nickend, turbanartig, gefleckt ▼, Juni bis August. Wälder mit feuchten Böden. Selten.

Rotes Leimkraut

30-100 cm. Pflanze flaumig behaart. Blüten dunkelrosa mit 5 Blütenblättern, die tief gespalten sind ▼. Blüten eingeschlechtlich an verschiedenen Pflanzen (zweihäusig), April bis August. Auwälder, Wälder mit feuchten Stellen. Häufig.

Stinkender Storchschnabel

10-50 cm. Stängel behaart. Blätter aus drei getrennten Teilblättchen. Pflanze riecht beim Zerreiben unangenehm (Name!) ▼. Blütenblätter mit zwei weißlichen Längsstreifen, Juni bis Okt. Frucht. Häufig.

Staudenfeuerkraut

50-150 cm. Ausdauernd. Blätter lanzettlich, gegenständig, unterseits mit deutlichen Adern. Blüten in lockerer Traube, rosafarben ▼, Juli bis August. Unterhalb Blüten schmale reifende Früchte. Wälder, auf Lichtungen. Häufig.

Waldziest

30-100 cm. Ausdauernd. Stängel behaart. Blätter wie die der Taubnessel ▼ (S. 76). Blüten dunkelrot ▼, in Blattachseln, Juni bis August. Wälder mit feuchten Böden. Häufig.

Frauenschuh

20-80 cm. Ausdauernd. Auffallende Blüte: große, gelbe schuhartig aufgeblasene Lippe ▼, äußere Blütenblätter lanzettlich, meist braunpurpura, Mai bis Juni. Blätter groß elliptisch, spitz zulaufend. Laubmischwälder, wärmeliebend. Selten.

Rotblauer Steinsame

10-50 cm. Stängel behaart. Blätter lanzettlich, ohne Stiel, behaart. Blüten erst rot, dann blau ▼, 5 Blütenblätter. Hauptsächlich Laubwälder, trockene Standorte. Selten, aber bei Vorkommen mit vielen Individuen.

Hohler Lerchensporn

10-30 cm. Ausdauernd, mit Knolle. Stängel mit ein oder zwei dreilappigen Blättern. Blüten traubig angeordnet, meist rosafarben ▼, manchmal weiß ▼, März bis Mai. Auwälder, Laubwälder mit feuchten Stellen, wärmeliebend. Selten.

Zwiebeltragende Zahnwurz

30-60 cm. Blätter gefiedert mit lanzettlichen, gesägten Fiederblättchen. In Blattachseln kleine, braunviolette Brutknöllchen ▼ (Name). Blüten hellviolett, rosa oder weiß, Mai bis Juni.

Waldplatterbse

20-200 cm. Ausdauernd, mit Rhizom. Stängel kräftig, niederliegend oder kletternd, vierkantig. Blätter schmal, mit einer gefiederten Ranke ▼. Blüten groß, rosafarben ▼, Juli bis August. Trockenwälder, Lichtungen, Waldränder. Selten.

Rötliche Schuppenwurz

8-30 cm. Pflanze rosarot, ohne grüne Blätter, Schmarotzer an Wurzeln von Laubhölzern. Stängel aufrecht, fleischig mit bleichen Schuppen. Blüten rosenrot ▼, in dichter Traube, anfangs nickend, März bis Mai. Schlucht- und Bergwälder. Selten.

Waldvergissmeinnicht

10-50 cm. Stängel gefurcht, Blätter flaumig behaart, länglich-schmal. Blüten himmelblau ▼, klein, Blütenknospen oft zartrosa, Blütenstand traubig, Mai bis Juli. Wälder mit feuchtem Boden, Gebirge. Selten.

Waldehrenpreis

15-40 cm. Ausdauernd, mit Rhizom. Stängel kriechend ▼, an der Spitze aufsteigend, behaart. Blätter kurzgestielt, derb, gekerbt. Blüten traubig, blassblau ▼, dunkel geadert, Juni bis August. Nadelwälder. Häufig.

Pfirsichblättrige Glockenblume

15-80 cm. Stängel mit nur wenigen schmal-lanzettlichen Blättern. Blüten groß, blauviolett, glockenförmig ▼, Juni bis September. Lichte Wälder. Häufig.

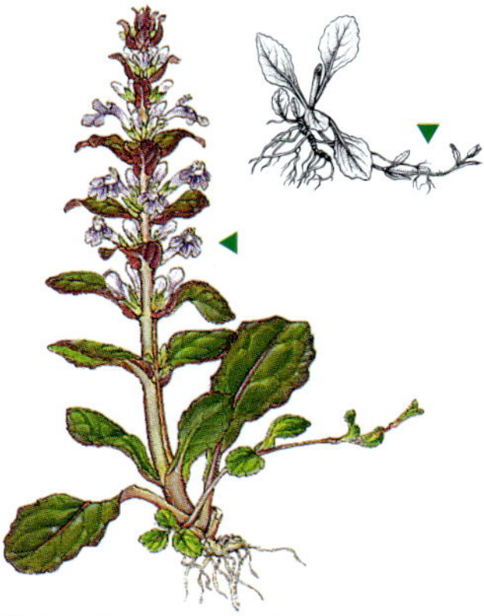

Kriechender Günsel

10-40 cm. Ausdauernd. Pflanze mit Ausläufern ▼, vierkantiger Stängel. Grundblätter rosettig, schwach gekerbt. Blüten in Achseln der Hochblätter, ohne Oberlippe, Unterlippe dreilappig, blau, aber auch rosa oder weiß ▼, Mai bis Juni. Häufig.

Dreilappiges Leberblümchen

5-20 cm. Ausdauernd. Blüten langgestielt und einzeln, blau-violett ▼, März bis Mai. Blätter dreilappig, langgestielt ▼, überwinternd. Feuchte Laubwälder. Selten, aber in großen Beständen.

Echtes Lungenkraut

15-30 cm. Behaart. Blätter oft mit weißen Flecken ▼. Blüten erst rosa, dann blauviolett ▼, März bis April. Laub- und Mischwälder, trockene Böden. Selten, aber in großen Beständen.

Waldveilchen

5-20 cm. Ausdauernd. Grundständige Blätter, Blätter herzförmig, Nebenblätter gefranst ▼. Blüten violett, Sporn ▼, einzeln gestielt, nickend, Stängel liegend oder aufrecht, April bis Mai. Wälder, auf trockenen Standorten. Häufig.

Ausdauerndes Silberblatt

30-150 cm. Stängel behaart. Blätter herzförmig, gezähnt, behaart. Blüten rosaviolett, wohlriechend in trugdoldiger Traube ▼, Mai bis Juli. Früchte flach ▼, silbrigglänzend. Sehr selten.

Waldbingelkraut

10-40 cm. Stängel rund, Blätter gegenständig, kerbig gesägt, lanzettlich. Blüten nur weiblich oder nur männlich. Winzige unscheinbare Blüten ▼, April bis Mai. Laub- und Mischwälder, auf steinigen Böden. Häufig.

Vierblättrige Einbeere

15-40 cm. Ausdauernd. Runder Stängel mit 4 ovalen, spitz zulaufenden Blättern (Quirl), markante Äderung. Blüte gestielt, aus dem Quirl wachsend, sternförmig ▼, unscheinbar, Mai bis Juni. Frucht etwa kirschgroße, blauschwarze Beere ▼. Selten.

Gefleckter Aronstab

15-50 cm. Blätter pfeilförmig. Unverwechselbare Blüte, weißes Hüllblatt ▼ umschließt keulenförmigen Kolben mit männlichen (oben) und weiblichen Blüten (unten), April bis Juni. Feuchte Laubmischwälder, wärmeliebend. Selten.

Knotige Braunwurz

30-140 cm. Ausdauernd. Stängel vierkantig, Bläter kreuzgegenständig, eiförmig-ländlich, doppelt gesägt. Blüten klein, braun-purpurn ▼, Juni bis September. Wälder mit feuchtem Untergrund. Häufig.

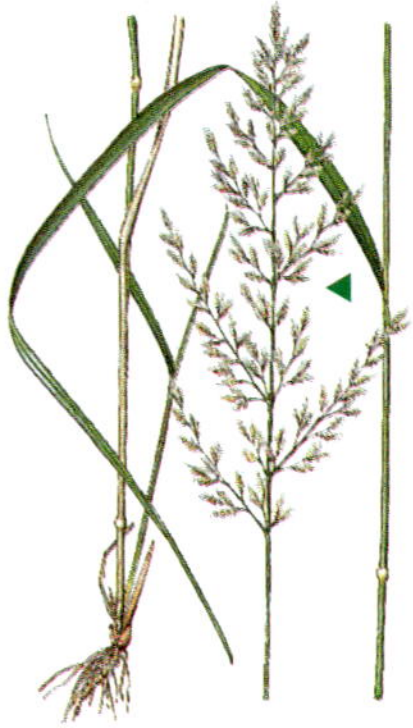

Waldschilf, Reitgras

60-150 cm. Ausdauernd. Blätter flach oder eingerollt, hart, beiderseits stark rau, Blatthäutchen. Blütenrispe bis 30 cm lang, knäuelig gelappt ▼, Juni bis August. Waldschläge, Lichtungen. Häufig.

Wolliges Reitgras

30-80 cm. Blätter schlaff, Blattgrund mit 2 Haarbüscheln. Blütenrispe lockerer als beim Waldschilf ▼, aber feiner, Juni bis August. Fichtenwälder. Selten.

Weiße Hainsimse

30-80 cm. Blätter schmal, bewimpert, blassgrün, Blüten zu 2-6 gebüschelt ▼. Wälder mit sauren Böden.

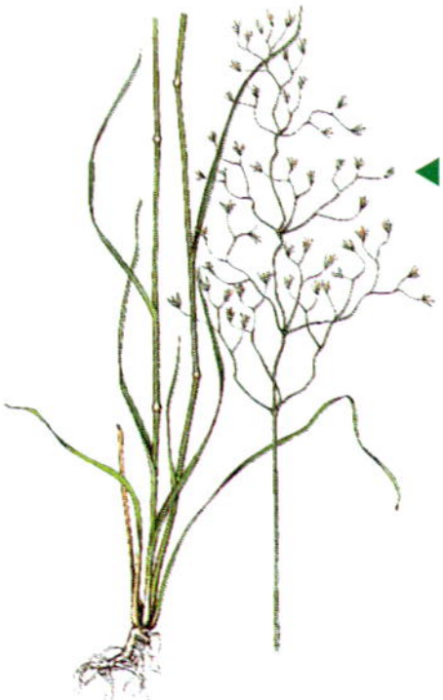

Schlängelschmiele

30-80 cm. Blätter eingerollt, fadenförmig, Blatthäutchen. Rispe locker, mit geschlängelten, feinen Rispenästen ▼. Ährchen hellbräunlich, violett überlaufen, Juni bis August. Trockene Laub- und Nadelwälder, Häufig.

Straußfarn

40-150 cm. Große, stark gefiederte Wedel, Fiedern mit Sporenhäufchen eingerollt, zuerst grün, später braun, von grünen sterilen Wedeln umgeben. Geschützt.

Waldfrauenfarn

40-100 cm. Blätter seitlich, stark gefiedert, nach unten hin auslaufend. Stängel am Grund dunkelbraun. Sporenhäufchen an Blattunterseite, meist länglich oder gekrümmt, Juli bis August.

Wurmfarn

25-100 cm. Blätter entspringen in einer Rosette, junge Wedel eingerollt, entrollen sich während des Wachsens. Sporenhäufchen an Blattunterseite groß, auffällig, Juli bis September. Häufig, besonders an feuchten Stellen.

Rippenfarn

20-70 cm. Blätter fest, nicht gefiedert, dunkelgrün glänzend. Sterile Wedel niederliegend mit ausgebildeten Blättern ▼. Fiedern der fruchtbaren Blätter sehr schmal ▼, Juli bis Sept. Nicht winterüberdauernd.

Waldschachtelhalm

15-60 cm. Im Frühjahr schießen aufrechte und gerade rotbraune Stängel aus dem Boden, Fruchtkolben an der Spitze. Stängelscheiden mit 4-6 Zähnen, glockenförmig. Später wachsen aus den Wirteln zahlreiche verzweigte Seitenästchen ▼.

Keulenbärlapp

10-20 cm. Oberirdischer Kriechspross, bis 1 m lang, mit verzweigten aufsteigenden Ästen. Blätter spiralig um den Spross, an Seitentrieben mit langgestielten gelblichen Ähren ▼, Juli bis August. Geschützt.

Huperzia selago

5-25 cm. Dunkelgrün, Spross rundlich, dicht beblättert, ohne Ährenkolben. Sporangien sitzen in den Blattachseln, Juni bis September. Vor allem in Bergwäldern.

Adlerfarn

50-250 cm. Ausdauernder großer Farn mit großen Wedeln, 3- bis 4fach gefiedert. Sporenhäufchen randständig, saumartig, Juli bis Sept. Häufig, oft bestandsbildend.

Weißmoos

8-15 cm. Bildet dichte, halbkugelige, bläulichgrüne, trockene Polster, bis 50 cm im Durchmesser. Stängel mit Blättern mit grau-weißlichen Sporenkapseln.

Rotstengelmoos

6-15 cm. Weiche, grüne, flache Büschel, Triebe meist rund, beblättert mit Seitentrieben. Wächst meistens auf großen Flächen. Rinde des Stängels rötlich.

Besen-Gabelzahnmoos

5-10 cm. Wächst in glänzenden, blassgrünen Polstern, einzelne Ästchen und Blättchen erkennbar. Blättchen lanzettlich, sichelförmig zugespitzt, fein gesägt. Auf sehr feuchtem Untergrund. Sporenkapseln Mai bis Juli.

Mnium affine

8-15 cm. Familie der Sternmoose. Rhizom. Schmale Stängel mit deutlichen gegenständigen Blättchen, rundlich, zugespitzt. Feuchter Untergrund. Sporenkapseln Juni bis August.

Echter Pfifferling

2-15 cm (Hutdurchmesser). Juni bis Oktober. Hut gelblich bis orange-beige, trompetenförmig. Leisten nur flach ▼. Fruchtfleisch hell bis weiß. Guter Speisepilz.

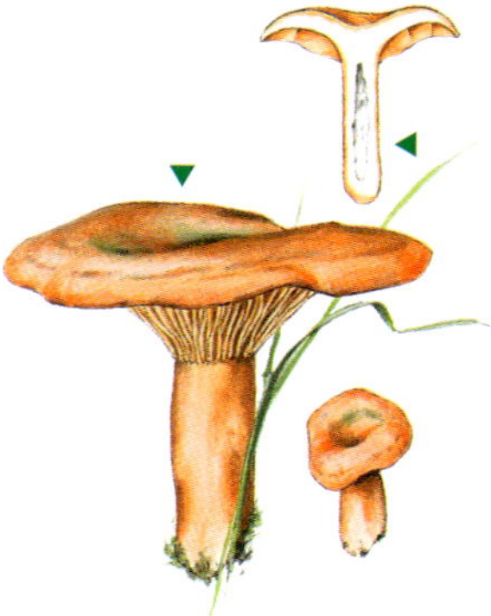

Echter Reizker

6-20 cm. Juli bis Oktober. Orange-roter Hut mit grünlichen Flecken ▼. Lamellen dünn. Fruchtfleisch orange (roter Milchsaft), wird beim Trocknen grün ▼. Vor allem in Nadelwäldern. Guter Speisepilz.

Hallimasch

3-20 cm. August bis November. Hut bräunlich bis gelblich mit dunklen Flecken ▼, schuppig. Lamellen erst weiß, dann bräunlich. Wächst auf altem Holz. Roh giftig!

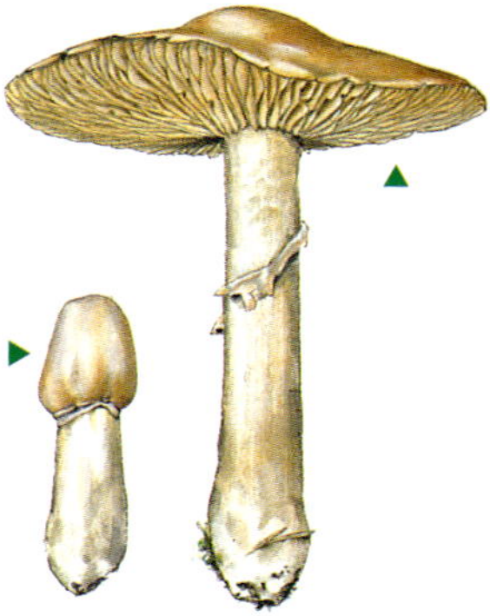

Reifpilz

6-12 cm. Juli bis Oktober. Hut gelblich-hellbraun, jung glockig ▼, dann kegelig gewölbt. Lamellen tonbraun, später zimtbraun ▼. Schmutzigweißlicher Stiel, unter Hut seidig. Nadelwald. Genießbar.

Frauentäubling

5-15 cm. Juni bis Oktober. Hut gewölbt ▼, später glatt, farblich sehr variabel. Meist schwarz, aber auch violett, gräulich oder grünlich gefärbt. Lamellen weiß. Häufig bei Buchen. Essbar. Grüne Exemplare können mit giftigem Knollenblätterpilz verwechselt werden!

Grüner Knollenblätterpilz

5-12 cm. Juli bis September. Variable Färbung ▼, Verwechslungsgefahr mit essbaren Frauentäubling (grüne) oder Champignons (weiße). Typisch: knollige Stielbasis mit häutiger Scheide ▼. Giftig!

Perlpilz

6-20 cm. Juni bis Oktober. Hut blassbräunlich bis braunrot, mit hellen Hautschuppen bedeckt ▼. Lamellen von Häutchen bedeckt ▼, weiß. Stiel weißlich bis rötlich, feinschuppig. Essbar.

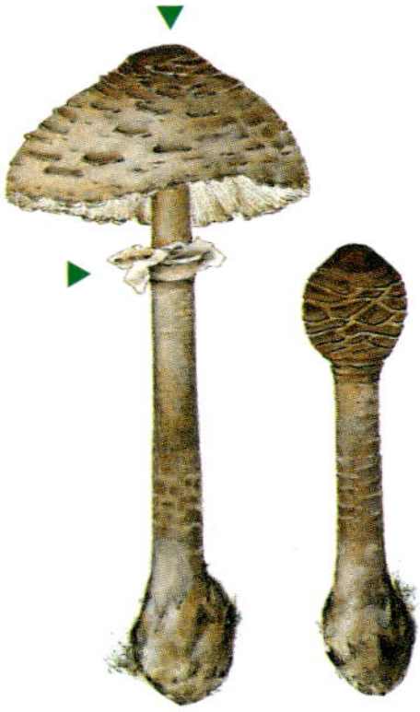

Riesenschirmling, Parasol

8-20 cm. Juli bis Oktober. Hut hellbraun, jung paukenschlägelformig, dann gewölbt, später flach, bedeckt mit großen fransigen Schuppen ▼. Hell bräunlicher Stiel mit Ring ▼. Geruch haselnussartig. Essbar.

Birkenpilz

4-10 cm. Juni bis Oktober. Hut gelbbraun, graubraun, gewölbt bis abgeflacht. Stiel weißlich mit schwarzen Schuppen, schlank mit verdickter Basis ▼. Unter Birken, auf trockenen Plätzen. Häufig. Essbar.

Maronenröhrling

5-15 cm. Juli bis Oktober. Hut kastanienbraun ▼, gewölbt bis abgeflacht, etwas schmierig bei feuchter Witterung. Röhren auf Druck dunkelblau verfärbend ▼. Häufig, in Nadel- und Laubwäldern. Essbar.

Satansröhrling

8-30 cm. Juni bis September. Hut weißlich, grau, gewölbt, unterseits rötlich ▼. Stiel bauchig bis knollig ▼, unten karminrot, goldgelb unter dem Hut. Wird auf Druck sofort blau. Selten. Giftig!

Sommersteinpilz

5-25 cm. Mai bis September. Hut dunkelbraun, später milchkaffeebraun, gewölbt. Stiel hellbraun mit weißlichem Netz ▼, bauchig. Röhren weißlich bis grüngelb. Laubwälder. Essbar.

Goldröhrling

5-10 cm. Juli bis September. Hut braungelb, schmierig wenn feucht ▼. Röhren gelb, Stiel mit vergänglichem häutigen Ring. Steht bei Lärchen. Essbar.

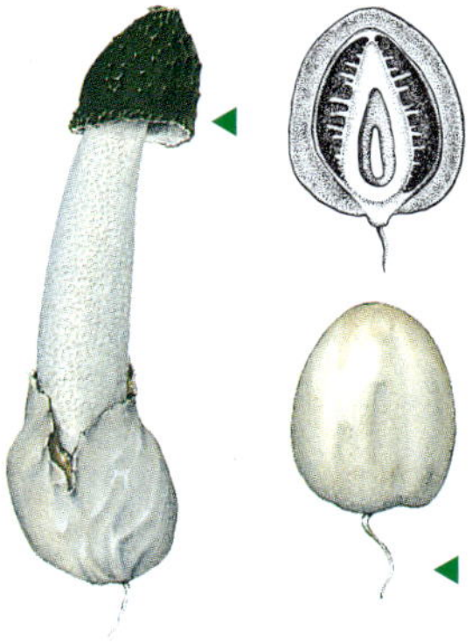

Stinkmorchel

Bis 20 cm. Mai bis September. Weißer Stiel mit schwarzem glockenförmigen Kopf ▼, schleimig und weich. Zunächst weißes eiartiges Gebilde („Hexenei"), mit Mycelfäden im Boden verankert ▼, streckt sich dann. Nicht essbar.

Flaschenstäubling

2-4 cm. Juni bis Oktober. Fruchtkörper weißlich, dann ocker bis bräunlich, birnenförmig mit abwischbaren Wärzchen ▼. Daraus entwickelt sich bei Reife eine Öffnung, aus der die Sporen entlassen werden ▼. Essbar, solange Fleisch weiß ist.

Zunderporling

10-50 cm. Ganzjährig. Vor allem an Stämmen von kranken und altersschwachen Buchen. Grau gebändert. Aus dem Inneren wurde früher Zunder hergestellt. Nicht essbar.

REGISTER

F

G

H

I

J

K

L

Deutsche Erstausgabe April 2001
Gesetzt nach den Regeln der Rechtschreibreform

Die tschechische Originalausgabe erschien 2000
unter dem Titel »Toulky lesem«.

Illustrationen: Eva Beberová, Petr Liška, Vlasta Matoušová, Sylva Francová
Originaltext: Karel Šťastný / Michel Cuisin
Übersetzerin: Eva Tauber
Projektbetreuung: Atelier Langenfass, Ismaning
st · Herstellung: Stefan Hansen
ISBN 3-570-20914-8
Printed in the Czech Republic

10 9 8 7 6 5 4 3 2 1

OMNIBUS